¿Por qué nos odian?
La solución al fenómeno del antisemitismo según la Sabiduría de la Cabalá

Michael Laitman
¿Por qué nos odian?
La solución al fenómeno del antisemitismo según la Sabiduría de la Cabalá

Copyright © 2019 by Laitman Kabbalah Publishers
1057 Steeles Avenue West, Suite 532
Toronto, ON M2R 3X1, Canada
All rights reserved
ISBN: 978-1-77228-026-5

Equipo de edición: Oren Levi, Nitza Mazoz, Efrat Kabrah, Anat Elinav, Roey Taub, Tal Mandelbaum Ben-Moshe, Yaniv Alush, Yael Leshed Harel, Sharon Hanam, Ayala Moshe, Tali Mitch, Dana Servi Kovalskyi, Tamar Hakerman.

Agradecimientos: Haim Ratz, Rona Shuv, Idit Harari, Dudi Aharoni, Baruch Yusupov, Yuval Gavish, Dr. Eli Vinokur, Norma Livne, Dr. Tamar Yfhar, Michael Bronstein, Yossi Dvash, David Melnitchuk, Rachel Laitman, Yehuda Proskurov, Sigal Ratz, Michael Sanilevich.

Traducción: Merav Gottdank

Edición en español: Silvana Pisari

Diseño interno: Gill Zahavi

Diseño de portada: Roni Perry

Editor Ejecutivo: Gil Kedem

Impresión y Postproducción: Uri Laitman

Índice

Capítulo 1 - Mi historia 5
    Contra la corriente 6
    Entre el caos y el extremismo. 7
    Mis dudas. 9

Capítulo 2 - El motor de la evolución 13
    Del colectivismo al individualismo 14
    La torre del ego 15
    Revoluciones en la percepción 16
    El mundo en lucha 18
    El holocausto de los judíos 20

Capítulo 3 - ¿Quién eres, pueblo de Israel? 21
    La ideología del "UNO". 22
    Lucha ideológica 24
    Nacimiento de un pueblo 25
    Las raíces del odio 26
    Israel y los pueblos 27
    La cima de la conexión 28
    Observación a la profundidad de la naturaleza 31
    La destrucción de la relación 32
    Guerra civil 34
    La formación de las religiones 35

Capítulo 4 - Rodando por el mundo 37
    El secreto del éxito 39
    El odio hacia los judíos 40
    Integración y esperanza 42
    El "problema" judío 44
    Un llamado de advertencia 45
    Antisemitismo basado en la raza 47

Capítulo 5 - La tierra de Israel 51
   El individuo y la nación 53
   Desmoronamiento 55
   Pérdida de identidad 57
   Antisionismo y antiisraelismo 59
   El nuevo antisemitismo 61

Capítulo 6 - Pueblo eterno 65
   El mismo odio, diferentes excusas 66
   Revolución de relaciones 68
   El startup israelí. 72
   La paz en el mundo 74

Epílogo 77

Capítulo 1

Mi historia

En el año 1963, cuando yo tenía 17 años, me mudé a Leningrado, San Petersburgo de hoy, la capital de la cultura rusa, el bastión de los intelectuales. En esa época el antisemitismo estaba impregnado en las murallas de la ciudad y se sentía en cada esquina. Para mí era muy difícil vivir en un ambiente tan hostil y aceptar la sensación de impotencia, por lo que inmediatamente después de que se me presentó la oportunidad, en el año 1974, luego de cuatro años de ser un *Refusenik* (término que se le daba a quienes le negaban el permiso de abandonar la URSS u otros países del bloque comunista durante lo que se denominó la 'Guerra fría'), me escapé a Israel. Aunque emigré a Israel, la sensación del antisemitismo quedó grabada en mí para siempre.

Sólo después de pasar varios años, al exponerme a la visión de la Sabiduría de la Cabalá, pude recibir un nuevo punto de vista sobre el fenómeno del antisemitismo. En el año 1979 llegué al cabalista Rabí Baruj Shalom HaLevi Ashlag (Rabash, 1907-1991), del cual aprendí durante doce años la auténtica Sabiduría de la Cabalá, como la absorbió de su padre, Rabí Yehudá Ashlag (1884-1954), conocido por su apodo 'Baal HaSulam', por su composición de la interpretación del Sulam (escalera) sobre el Libro del Zóhar. Ambos, padre e hijo, fueron de los más destacados personajes en lo intelectual-espiritual del siglo 20, y gracias a ellos comencé a comprender estos eventos mundiales desde una nueva perspectiva.

Contra la corriente

En los años que estudié con mi maestro Rabash, más de una vez me contó acerca de las potentes sensaciones que vivió su padre Baal HaSulam, y de sus desesperadas convocatorias a la colectividad judía y sus líderes para evitar que ignoraran el creciente antisemitismo. Ya en el año 1919, Baal HaSulam presintió el peligro que se cernía sobre las cabezas de los judíos y por esta razón sintió la necesidad de apresurarse y obrar. Así organizó un grupo de cientos de familias en la ciudad de Varsovia, capital de Polonia, con el fin de que emigraran a la tierra de Israel y fundar en ella una comunidad conjunta. Pero cuando este acto llegó al conocimiento de otros rabinos, éstos manifestaron su gran desprecio y se opusieron con gran vehemencia. Finalmente, sólo Baal HaSulam y su familia hicieron Aliá (emigración de judíos a Israel). Esto fue en el año 1921. En la tierra de Israel continuó Baal HaSulam su obra.

En el año 1933 publicó una serie de artículos que advertían sobre el desastre que se avecinaba, y los difundió entre el pueblo. Las dimensiones de la destrucción que dejó tras de sí el holocausto le produjeron un gran dolor, pero también después del mismo, Baal HaSulam continuó advirtiendo que el antisemitismo no era un fenómeno pasajero. En unos manuscritos que quedaron sobre su escritorio en sus últimos días, en la década cincuenta del siglo pasado, reza el texto: "ya expuse lo principal de mis opiniones en el año 1933. También hablé con los líderes de la generación y entonces mis palabras no fueron escuchadas, y a pesar de que grité como una grulla y advertí entonces acerca de la destrucción del mundo, esto no generó efecto alguno. Pero ahora, después de la bomba atómica e hidrógena, confío que en el mundo me creerán que el fin del mundo se acerca a pasos agigantados, y que Israel será quemada antes que las demás naciones, como ocurrió en la guerra anterior. Por eso hoy conviene despertar al mundo para que reciba su única medicina, viva y exista" (Baal HaSulam, 'Escritos de la última generación').[1]

---

[1] Rabí Yehuda Leiv HaLevi Ashlag (Baal HaSulam), Escritos de la última generación, parte 1, fragmento 2

Entre el caos y el extremismo

Muchos años pasaron desde el holocausto; las palabras de Baal HaSulam fueron olvidadas y el mundo siguió adelante. Depositamos el pasado en una caja negra y cerrada, que se abre por breves momentos en la conmemoración del holocausto, como una herida profunda y vieja en el corazón de la nación, tratando de sanar con los años. Muchos creen que a nivel global, los peligros del antisemitismo ya quedaron atrás, y a la prueba está que la humanidad ha avanzado, ha dictado leyes contra el antisemitismo y no tolerará más ese tipo de atrocidades. Generalmente no percibimos la actitud hostil que se revela contra los judíos, las medidas cautelares que tomamos los israelíes estando en el exterior como algo tan terrible y mientras no ocurre ningún gran desastre preferimos creer que todo estará bien.

No obstante, en los últimos años han ocurrido cambios alarmantes en el orden mundial que nos enfrentan con dilemas y desafíos de seguridad, políticos y sociales que no nos dejan ser indiferentes. El mundo árabe no deja de tambalearse en incesantes guerras. En la antigua y cansada Europa irrumpe una lucha entre la cultura europea tradicional y el islam extremista traído por las olas de inmigrantes. Los asaltos terroristas y la creciente violencia en los distintos países de Europa, despiertan miedo y odio hacia los inmigrantes. Dentro de esto son precisamente los partidos de la derecha extrema los que se refuerzan. En el año 2017, un 13% de los ciudadanos alemanes votaron al partido de derecha extrema. En Francia, la candidata a la presidencia de la república, representante de la derecha extrema, Marine Le Pen, consigue apoyo de un tercio del público votante. En Hungría, el gran partido Jobbik se está reforzando así como en Noruega el partido del progreso; en Finlandia los "Verdaderos finlandeses", en Holanda y en Austria el "Partido por la libertad", en Grecia el "Amanecer dorado", en Ucrania el partido "Svoboda", etc.

En los Estados Unidos surgen luchas internas entre extremistas derechistas y extremistas izquierdistas. A nivel internacional vuelven a renovarse los juegos del ego entre las potencias. Los hombres del ISIS aterrorizan a todos y Corea del Norte amenaza al mundo con bombas nucleares. Hoy en día, en un estado tan inflamable, la posibilidad de que irrumpa una tercera guerra mundial es muy posible. Cuando el estado mundial se deteriora y entra en confusión, tal como ocurrió antes de la Segunda Guerra Mundial, los fenómenos antisemitas no demorarán en llegar.

◆

Una mirada inspectora sobre los últimos dos años señala una tendencia continua de empeoramiento del antisemitismo. Los informes de la Ministerio de Jerusalén y Asuntos de la Diáspora de Israel en relación al antisemitismo muestran que tanto en el año 2016 como en 2017 hubo un aumento en el número de casos de antisemitismo en el mundo entero. Declaraciones y patrones de conducta antisemitas continuaron tomando lugar en la conversación social. El antisemitismo en la red de internet en general, especialmente en las redes sociales, continúa creciendo. La situación es peor especialmente en Europa occidental. En Britania hubo en el año 2017, un aumento de 78% de casos de violencia física contra judíos. Desde el año 2016 en Alemania se registra un aumento en los casos de antisemitismo. De datos proporcionados por la "Liga Antidifamación", como fue presentado en la *Kneset* (parlamento israelí) a principios del 2018, resulta que la situación es para preocuparse también en los Estados Unidos. En los primeros meses del año 2017 hubo 1,299 incidentes antisemitas en todo Estados Unidos, un crecimiento del 70% en comparación con el año anterior, incluyendo agresiones físicas, destrucción de propiedades y ataques a instituciones judías. Especialmente se destacó el vandalismo en cementerios en todo el país y marchas neonazis. Después de setenta años de la muerte de Hitler, se vencieron en el año 2016 los derechos de autor sobre su libro "Mein Kampf" (Mi lucha) y éste volvió a publicarse. En corto tiempo el libro encabezaba la lista de los best sellers en Alemania, esta vez bajo el título "Mein Kampf, la versión crítica". La nueva edición incluye observaciones al marco e interpretación histórica, y al publicarse, el libro fue traducido a decenas de idiomas y se convirtió en el "best seller más exitoso que la biblia", como lo nombró la prensa británica. En Polonia, ciudad a la que se hacen viajes de conmemoración, en noviembre de 2017 se realizó una marcha de 60,000 personas con motivo del día de la independencia de Polonia y en la cual se escucharon las aclamaciones: "Europa blanca sin judíos ni musulmanes".

En tal atmósfera no es de sorprenderse de que los judíos teman nuevamente por sus vidas. Efectivamente, una encuesta realizada por la Agencia Sionista Mundial que se publicó a principios de 2017, expone una imagen preocupante: uno de cada tres judíos en el mundo siente la necesidad de ocultar su judaísmo. Un año después, en el 2018, resulta que el 51% de los judíos de Europa temen cargar símbolos judíos. En Britania, uno de cada tres judíos ya considera huir a Israel por el antisemitismo. A la par de estos procesos hay quien niega el derecho de la existencia del estado de los judíos y demanda hacer una nueva revisión del tema. En varias áreas en las universidades occidentales ocurren constantemente eventos que producen y organizan miembros de organizaciones estudiantiles anexadas a la estructura de red de la campaña de BDS internacional (Boycot, Divesment & Sanctions), Boicot, prevención de inversiones y sanciones. En eventos como conferencias, manifestaciones, paneles académicos y exposiciones, que culminan en "la semana del apartheid israelí", y se lleva a cabo cada año en decenas de campus en el occidente, Israel es presentado como un país racista de apartheid y como "un país leproso" que hay que boicotear económica, académica y culturalmente. El propósito de esa semana, eventualmente, es llevar al colapso y la destrucción de Israel como país nacional del pueblo judío. Estos escenarios y la tendencia general hacia la cual marcha el mundo, son los que me han incitado a escribir estas líneas.

Mis dudas

"Israel es un país próspero y nuestro ejército es uno de los más poderosos del mundo. Puedes estar tranquilo", y en cuanto a los judíos del mundo: "el antisemitismo es parte del pasado y hoy sólo los extremistas marginales lo sostienen, quítate toda preocupación". Así fue cómo reaccionaron personas en Israel y en el mundo cuando traté de transmitir los pensamientos de Baal HaSulam en las últimas décadas. Si bien tengo esperanzas de un mejor futuro para nosotros y para nuestros hijos, no estoy tranquilo en absoluto. Yo veo la realidad desde el punto de vista que aprendí de Rabash, y es completamente diferente de cualquier cabalista. Yo veo lo que vieron mis grandes maestros y hoy, a la vista de la dura realidad, no puedo pretender y decir que todo estará bien. Del dolor y la profunda presión interior, siento una obligación de compartirles el conocimiento que presenta la Sabiduría de la Cabalá respecto al destino de la humanidad en general y del pueblo judío en especial. Todo señala que este es el momento para transmitir a todos este conocimiento, puesto que el mundo se encuentra en una encrucijada. Nací y viví en el exterior hasta los treinta años, y tengo claro que los nacidos en Israel -quienes se sienten dueños de su país-, no están capacitados para sentir qué es el antisemitismo. Para ellos, el antisemitismo es un fenómeno de la diáspora.

Por lo tanto, además de charlas sobre el tema y de publicar artículos, traté de evadir la posibilidad de publicar un libro entero sobre el tema. No sentía que en el público israelí hubiera oídos que quisieran prestar atención. Aún hoy no estoy seguro que tal libro sea aceptado. Es posible que se requieran varios años para capacitar los corazones para que escuchen lo que tengo para decir. De todos modos, considero apropiado escribir ahora. Además, estoy consciente de las actitudes antiisraelíes que se expanden hoy día en el mundo: por un lado, la actitud que alega que nos odian debido a la política del gobierno y pone sus esperanzas en la devolución de territorios y cosas similares, y por otra parte la actitud que alega que si somos fuertes y demandamos lo que es nuestro, el mundo nos respetará. Igualmente tengo bien claro que ninguna de estas alegaciones podrá ofrecer una solución sostenible. Ambas actitudes, al igual que otras, no corresponden puesto que no analizan debidamente el origen del odio hacia los judíos.

Según la Sabiduría de la Cabalá, no podremos disminuir la actitud antiisraelí de ninguna forma conocida, hasta que revelemos la raíz del fenómeno y así comprendamos cómo solucionarlo. Es muy probable que estas palabras suenen innovadoras, pero de hecho, fueron escritas ya hace miles de años en las fuentes de la Sabiduría de la Cabalá. Hasta el siglo XX, esta sabiduría estuvo oculta al público general porque aún las personas no estaban lo suficientemente maduras para comprenderla, pero hoy llegó el momento de revelarla. Les invito a unirse a mí en un viaje de investigación objetivo, sin sentimientos ni miedos, para comprender las raíces del antisemitismo y el modo de solucionarlo según la Sabiduría de la Cabalá. El viaje de investigación no se concentrará en nosotros los judíos como víctimas, sino que examinará el proceso de desarrollo de la humanidad desde su principio. No haremos un repaso de todo el proceso de la historia, sino que alumbraremos algunos puntos importantes para comprender el lugar que toman los judíos en la humanidad. Las preguntas principales que se formularán en la base de la investigación son: ¿por qué el tumulto que existe en el mundo y la falta de organización despiertan el antisemitismo?; ¿es el choque entre el mundo y los judíos algo inevitable?; ¿qué quiere el mundo de los judíos?; ¿será que eternamente los judíos vivirán bajo la amenaza? Pero primero que nada, trataremos de comprender cuál es la solución completa a todos estos problemas. El aumento de las voces radicales en el mundo, la sensación de falta de seguridad del público que reside en el Estado de Israel, el odio que va aumentando contra el país, las ansias que sienten los judíos en el mundo entero, todo esto nos exige que encontremos respuestas satisfactorias de una vez por todas. Si comprendemos que hemos estado descifrando equivocadamente el camino de la evolución de la humanidad, es posible que logremos restaurar la paz y la seguridad, e incluso llevar al mundo a un estado mejor.

Capítulo 2

El motor de la evolución

¿Qué hace que el hombre se organice en una sociedad, establezca y desarme regímenes, nombre gobernantes y los deponga, corone líderes y los decapite? Se levantaron impresionantes imperios y cayeron; ¿qué lleva a que un orden social sea interrumpido?, ¿cómo madura una nueva voluntad social que exige el desmantelamiento del viejo orden social y la estabilización de uno nuevo?, ¿existe acaso una ley natural detrás de estos procesos? La clave para comprender las tendencias mundiales y el orden de desarrollo de la humanidad, así como la respuesta a importantes preguntas a las cuales se enfrenta la humanidad hoy, se halla en el conocimiento del mecanismo humano y el sistema de la naturaleza general. El hombre es la criatura social más desarrollada en la naturaleza. Utiliza su mente en desarrollo para mejorar sus condiciones de vida y así conseguir el confort y la seguridad máxima. A diferencia de los animales, los deseos del hombre van aumentando e incrementándose todo el tiempo, más de lo necesario para sobrevivir, empujándole hacia adelante. Desde la era de los cazadores y recolectores, a través del desarrollo de la agricultura y la domesticación de los animales hasta la construcción de asentamientos fijos, el hombre avanzó siguiendo sus deseos cambiantes.

Luego de comprender que no tiene la posibilidad de proveer por sí mismo todas sus necesidades, comenzó a intercambiar mercadería por lo que él mismo cultivaba. El desarrollo del comercio produjo el nacimiento del "nuevo organismo" hoy llamado "sociedad humana", y así, junto con la revolución agrícola, se formó otra revolución de la cual se habla menos: la "revolución social".

Del colectivismo al individualismo

Antes de la "revolución social", el hombre mantuvo relaciones sociales dentro del enmarco familiar y tribal, que para él era la familia extendida. Cada uno de los miembros de la tribu contribuía con su parte al beneficio general de la tribu de manera armónica y equilibrada. La relación entre los miembros de la familia, o de la tribu, era una relación familiar natural. Cuando comenzaron los hombres a desarrollar relaciones comerciales entre sí, se creó una nueva forma de relación basada en intereses, y la consideración principal para la conexión fue sobre cuánto se podía ganar o perder en la relación con tal o cual persona. De un estado de contribución natural del individuo a favor de su familia y su tribu, se fue desarrollando en la humanidad más y más una forma de pensamiento interesante que enfatizó el separatismo del hombre de la sociedad. Así nació el individualismo, cuando todo individuo se sintió un ente separado de la sociedad creando intereses personales que fueron superando los intereses públicos. Si bien en principio, el hombre se preocupaba solamente de sus necesidades para sobrevivir, es decir comida y refugio, crear una familia y tener descendientes, ahora se desarrollaban en el individuo deseos sociales, entre ellos el impulso competitivo. La competencia desarrolló el deseo de acumular poder, dinero y dominio de tierras. Paralelamente, el dinero y la riqueza, que eran un medio de seguridad económica para el futuro de la familia, se convirtieron en un medio en sí mismo. En esto se despertaron también aspiraciones de honor y dominio, alcanzar un estatus en la sociedad. Se buscó dominar a los demás y usarlos para beneficio propio. Si bien el desarrollo del ego humano y la tendencia competitiva es un proceso natural que contribuyó muchísimo para el avance humano, también contiene el potencial de la destrucción social. Esto es porque tarde o temprano, esto produce una competencia atropelladora que no conoce límites. En la medida que los individuos en la sociedad han perdido la sensación de las relaciones sociales entre ellos, se hizo necesario establecer formas de gobierno que las organicen y las planifiquen mediante el establecimiento de leyes y normas sociales. A fin de poder tomar decisiones comprehensivas, se levantaron entidades y líderes fueron nominados, y así nacieron los primeros reinados en la historia. Varios miles de años a. C., existió una civilización muy próspera en la zona de Mesopotamia, entre el río Éufrates y el Tigris.

La torre del ego

"Hasta aquellos tiempos la vida familiar se regía tranquilamente, y seguramente no abundaban tanto las necesidades, y las pertenencias y sus intereses eran pocos y similares... entonces surgió en el corazón de la generación la idea de abandonar las conductas anteriores y la vida de familia... y quisieron establecer un gran reinado".

(Malbim, Bereshit 11, 1-2)

Las primeras ciudades del mundo, según hallazgos que existen hoy, fueron fundadas en la zona de Mesopotamia. Los líderes de las distintas ciudades de la zona entraron en una lucha de poder y dominio. Aquellos que lograron conquistar amplias zonas, convirtieron su ciudad en imperio. La historia de la torre de Babilonia simboliza la cima de la ambición del gran dominio que se despertó en aquella época en los hombres. *"Y dijeron: Vamos, edifiquémonos una ciudad y una torre, cuya cúspide llegue al cielo; y hagámonos un nombre"*[2]. Los babilonios estaban dispuestos a trabajar juntos a favor del interés egoísta común. Juntos -así pensaron ellos-, podrían dominar incluso las fuerzas de la naturaleza. Un aspecto menos conocido de esta historia es la crisis en las relaciones que irrumpió entre ellos durante la construcción de la torre. El *Midrash*[3] cuenta: *"si caía un hombre muerto, ni prestaban atención a él, y si caía un ladrillo, se sentaban a llorar y decían: 'Ay de nosotros, ¿cuándo habrá otro ladrillo que lo reemplace?'"*[4].

---

2 Génesis, 11:4
3 Método de exégesis de un texto bíblico, dirigido al estudio o investigación que facilita la comprensión de la Torá
4 Escritos de Rabí Eliezer

El *Midrash* describe muy bien cómo perdieron los seres humanos la sensibilidad del uno por el otro así como el desentendimiento, la indiferencia y la hostilidad social que se desarrolló entre ellos. La torre de Babilonia representa la cúspide del primer estado extremo que alcanzó el hombre en la antigüedad; la primera "locura del ego" que se reveló en la sociedad humana. Un estado en el cual los deseos del hombre de dominar y acumular poder, hacen que se desconecte emocionalmente del sufrimiento del prójimo al punto de ignorarlo completamente. Nos cuenta también el *Midrash* y dice: "y ellos querían hablar uno con el otro... y desconocían el lenguaje de su prójimo. ¿Qué hicieron? Cada uno tomó su espada y lucharon unos contra otros con el fin de aniquilarlos. Y la mitad de la población del mundo cayó allí bajo la espada". La confusión de las lenguas describe una desconexión social extrema que fue percibida entre las personas. El ego les enceguecíó, las personas dejaron de entenderse y la comunicación entre ellos se desbarató por completo. Finalmente, para evitar la extinción general, los seres humanos se distanciaron unos de los otros y se dispersaron en todas las direcciones por el planeta. La separación fue el único medio para continuar sobreviviendo. Desde entonces, durante miles de años, el lema "mantener distancia" define la fórmula de existencia humana. Hasta que a mediados del segundo milenio d. C., después de la ocurrencia de dramáticos procesos, las distancias entre los hombres comenzaron a acortarse.

Revoluciones en la percepción

Entre los siglos 15 y 19, ocurren una serie de revoluciones que cambian la faz de la humanidad: la revolución de la imprenta, la revolución científica, la revolución industrial y la revolución tecnológica. Gracias a la industria y la tecnología, las distancias se acortan y el mundo se vuelve más global. Muchas personas se convirtieron de campesinos a obreros industriales. La población se va agrupando en ciudades y comienza el principio de la economía moderna, la cual lleva al desarrollo de un nuevo nivel de conexión de "dar y tomar". De hecho, en esta etapa vuelve a comenzar un proceso de agrupación, un proceso que es opuesto a la separación que en el pasado creó la distancia entre las diferentes sociedades. ¿Por qué ocurre tal proceso? La

Sabiduría de la Cabalá lo explica a través del desarrollo del egoísmo en la naturaleza humana. Esto es: el desarrollo del deseo de explotar al prójimo y los recursos naturales. Este desarrollo da forma a la conducta del hombre y crea la estructura de la sociedad y del gobierno. En cada época en la que el ego humano avanza un paso más en su desarrollo, las señales de dicho desarrollo se manifiestan en cambios dramáticos como revoluciones o guerras. Así, por ejemplo, con la llegada de la revolución industrial, se pone en marcha la economía moderna. La codicia empuja a quienes encabezan la industria, a los bancos y a los capataces a producir más y más productos nuevos con el fin de enriquecerse. El cambio económico crea dos clases en la sociedad: la clase obrera y la nueva clase alta, la burguesía capitalista. Además, no solo que el hombre, como individuo, aspira a expandirse y adquirir poder y dominio, sino que también los gobernadores de las naciones aspiran a ello con el fin de agrandar sus riquezas. El imperialismo y el colonialismo comienzan a fortalecerse. Los países de Europa compiten entre sí por el dominio del mundo: qué país se adjudicará más para sí de los recursos de la población local conquistada, ya sea a fuerza de trabajo o en recursos materiales, o dominando el espíritu mediante el cultivo de la cultura y la religión del imperio conquistador. Al igual que lo ocurrido en la antigua Babilonia, el deseo de dominar es insaciable. El ego humano se vuelve más y más astuto y sofisticado, ambicioso y agresivo.

♦

Los crecientes deseos del hombre de poder y control y la formación de los nuevos niveles sociales como resultado del desarrollo económico, conducen a la humanidad a una nueva evolución social. Así surgen nuevos teoristas que sugieren nuevos órdenes sociales. En 1948 se publicó el Manifiesto Comunista de Marx y Engels que despierta el sentimiento de privación dentro de la clase obrera deprimida, y junto con ello, su deseo de igualdad. Una gran brecha comienza a formarse entre dos teorías sociales principales: capitalismo y socialismo. Paralelamente, en 1859, Charles Darwin publica su libro *El origen de las especies*. Mediante la teoría de la evolución y el principio de la selección natural, en su libro Darwin describe la vida como una lucha existencial. Es decir, la mejor especie en la naturaleza continúa desarrollándose y la especie menos exitosa está destinada a la extinción. La idea de la supervivencia de los más aptos en la naturaleza se desarrolla hasta crearse el darwinismo social; un enfoque retorcido que se desvía del camino del mismo Darwin, que pretende aplicar los principios de la lucha de existencia en el mundo animal también a la sociedad humana. La idea de que "el fuerte sobrevive" da legitimación al capitalismo desenfrenado, así como al imperialismo arrollador. Además, si en la naturaleza hay una evolución para las especies más refinadas y las especies menos desarrolladas deben desaparecer, hay una justificación científica para implementarlo también en la sociedad humana. Esto sirve de suelo fértil para el desarrollo de teorías de la raza.

El mundo en lucha

A finales del siglo 19 y principios del siglo 20, el orden mundial vuelve a sacudirse y pisa el borde. El poder de cada imperio amenaza al otro; comienza la carrera de armamento, se forman conflictos territoriales, un sistema ramificado de alianzas, la falta de entendimiento entre naciones y tensas relaciones diplomáticas. En 1914 irrumpe la Primera Guerra Mundial causando destrucción, devastación y la muerte de millones de personas. En 1918, después de finalizar la guerra, los países europeos buscan apoderarse y expandirse más allá de los acuerdos territoriales pactados. Como resultado de esto se desarrollan ideologías mucho más extremistas y duras. Italia adopta el fascismo y pretende formar una hegemonía en la zona mediterránea. Alemania adopta el nazismo y así Hitler aspira a convertirse en la potencia más grande en Europa para imponer un régimen nuevo. En Rusia sube el partido comunista que se apodera de sus vecinos. A partir de los años treinta, el régimen comunista mata millones de personas para establecer la posición de Stalin como único gobernador. En 1939 irrumpe la Segunda Guerra Mundial. Supuestamente parecería que hubo una variedad de causas para que así ocurra, pero en realidad, la base de esta guerra tiene un solo motor: la intensificación del deseo egoísta de dominar, invadir, expandirse, "tragar" cuanto más sea posible para uno mismo a cuenta de los demás. El ego es una fuerza que motiva a la humanidad. Por un lado es un motor de evolución y por otro lado un motivo para arruinar y destruir. Se puede decir que todos esos eventos y esas luchas que ocurren a lo largo de la historia, así como las explicaciones y los análisis a nivel político, económico y social que le acompañan, no son más que "diferentes manifestaciones", resultados del ego humano que va creciendo. Baal HaSulam se refirió en su artículo *La paz en el mundo*, al egoísmo humano: "la naturaleza de toda persona es explotar la vida de las criaturas que hay en el mundo para su propio beneficio… uno siente que todas las criaturas del mundo deben encontrarse bajo su control y para su beneficio particular, y esto es algo implacable. La única diferencia está solamente en la elección que hacen las personas. Uno elige explotar a las criaturas consiguiendo todo tipo de pasiones bajas, y el otro a través del gobierno, y el tercero consiguiendo ser honorable. No solo eso, sino que si esto fuera posible sin esforzarse demasiado, uno estaría de acuerdo de explotar al mundo en todo a la vez: tanto en riqueza como en dominio y en honor, solo que debe optar según su capacidad y posibilidad"[5].

♦

En el año 1933, al subir los nazis al gobierno, Baal HaSulam advirtió: "la humanidad se está friendo al fuego dentro de una terrible cacerola. La espada y el hambre y sus derivados, no han sido detenidos hasta el momento… la dura oposición egoísta que hay entre unos y otros, con la cual se afilan las relaciones nacionales, todo esto no desaparecerá del mundo a través de ningún consejo o artimaña humana, pase lo que pase. Porque vemos con nuestros propios ojos cómo el miserable enfermo se revuelca de dolores humanos sin poder soportar, que ya la humanidad se ha volcado hacia la derecha extrema como lo ha hecho Alemania, o a la izquierda extrema, como lo ha hecho Rusia, y no solo eso, sino que no facilitaron la situación y agravaron la enfermedad y el dolor, y las voces suben hasta el cielo, como todos lo sabemos"[6]. La Segunda Guerra Mundial es la guerra más grande que conoció la humanidad. Millones de muertos, heridos y una inmensa destrucción en sacrificio para el ego. Entre los terribles eventos, se sucede el asesinato sistemático y organizado más extenso que hubo en la historia.

---
5 Baal HaSulam, Artículo: 'La paz en el mundo'
6 Baal HaSulam, Artículo: 'La paz'

El holocausto de los judíos

"Por encima de todo yo obligo al liderazgo de la nación y a quienes van detrás de ellos, a mantener con precisión las leyes de la raza, oponiéndose despiadadamente a quienes envenenan a todos los pueblos – al judaísmo internacional". Adolf Hitler, en su testamento político.

Junto con la lucha agresiva que se desató en el mundo, la Alemania nazi envía un dedo acusador hacia el pueblo judío argumentando que se trata del enemigo más grande de la humanidad. A pesar del hecho de que durante el periodo del holocausto fueron perseguidas también varias minorías más por su definición de destructores de la raza aria, es imposible ignorar el hecho de que los judíos tomaron un lugar principal en la ideología nazi. Se debe formular la pregunta: ¿cómo llegó la especie humana a un estado tan terrible?, ¿por qué precisamente en Alemania, la nación más cultural y desarrollada de aquellos tiempos, fue que nació la atrocidad más grande que conoció la humanidad?, ¿se trata acaso de la locura de un solo hombre que logra arrastrar tras de sí pueblos enteros?, ¿o quizás se trate de otra cosa? El pueblo judío es un pequeño pueblo, no más del 0,19% de la población mundial, y durante la mayoría de la historia vive retirado dentro de sí mismo, y supuestamente no tendría que haber necesidad de ser tan conocido, tan famoso y tan perseguido. Entonces, ¿cómo un pueblo tan pequeño llega a la posición de enemigo de la humanidad? Para comprender esto, deberemos recoger más y más discernimientos relacionados a la esencia del pueblo judío y su posición en el mapa de la humanidad entera. Los próximos capítulos serán dedicados a ello. Es posible encontrar unas primeras insinuaciones en el punto básico del cual surgió el primer judío.

Capítulo 3

¿Quién eres, pueblo de Israel?

¿Qué había tan revolucionario en el enfoque ideológico del primer judío? ¿Sería la idea del Dios Único, a diferencia de múltiples dioses? O, ¿quizás fuese la idea del dios abstracto en contraste con las esculturas de madera y piedra a las que se adoraba en la cultura antigua?

En la antigua Babilonia, cerca de 1800 años a. C., salía Abraham de Babilonia hacia la tierra de Canaán. En torno a su idea se formó una colectividad especial que luego se convertiría en el pueblo de Israel.

En Mesopotamia de aquella época dominaba la fe politeísta. Cada poder natural tenía su propio estado: el dios del sol, el dios de la luna, el dios de la lluvia, la diosa de la fertilidad, etc. Los dioses estaban representados por diferentes estatuillas, tal como se encontró ampliamente en la zona antigua.

El padre de Abraham, Taré, era un vendedor de estatuas y Abraham creció y se educó según la fe babilónica. Pero lo que lo alejó de esa fe fue la idea monoteísta que se convirtió con el tiempo en la fe principal del mundo. ¿Cuál era el secreto de Abraham?

La ideología del "UNO"

"Este es un estudio denominado 'sabiduría de lo oculto', en un solo nombre. Y el primer padre de este estudio fue el patriarca Abraham".

Baal HaSulam, artículo "La cualidad general de la sabiduría oculta".

El monoteísmo que trajo al mundo Abraham no se refiere a una imagen celestial e inalcanzable de un dios sino a una ley llamada "Uno". Abraham comprendió que las fuerzas de la naturaleza no estaban separadas entre sí como se acostumbraba a creer en aquella época: el sol, la luna, las estrellas, la lluvia, el mar, etc., sino que actúan como un solo sistema en el que todos sus componentes dependen y están conectados entre sí.

La idea común de la época era que toda fuerza natural representaba a un dios al que había que recurrir con una petición para que beneficiara al humano. Esto es, la expectativa de que estas fuerzas cambiaran el estado del hombre a su favor. Así se crearon diferentes ceremonias, con el fin de reforzar la posición de los dioses, aplacar su ira y recibir de ellos abundancia y bendición.

Abraham descubrió que esta idea era un error fundamental, una falta de comprensión de las leyes naturales. Abraham descubrió que en la naturaleza actúa una fuerza general que maneja toda la realidad como un solo sistema que se rige según leyes fijas e inmutables.

En la naturaleza, no existe el "separatismo" pues todo está interconectado y una cosa influye sobre la otra. El significado de esto es que entre todas las partes de la naturaleza -inanimada, vegetal, animal y humana- existen interacciones y relaciones de interdependencia. Además, la naturaleza aspira al equilibrio, a la armonía. Cada fuerza particular en la naturaleza contribuye con su parte al equilibrio general del sistema completo.

Abraham entendió que la naturaleza entera es una, pero los humanos se desarrollan como "partes separadas", y de aquí dedujo que también la sociedad humana tenía que aspirar a una vida que partiera de la unión. Esto es que uno no debe pedir que las fuerzas de la naturaleza cambien para uno y así mejorar su estado, sino que uno mismo debe cambiar, adaptarse a las leyes de la naturaleza fija. Se trata de un enfoque verdaderamente revolucionario.

Para llegar a eso, uno tiene que cambiar su actitud hacia la realidad que lo rodea. Esto es que en lugar de observar la realidad desde el beneficio propio según lo que le sirve a cada uno, se debe considerar la realidad desde el punto de beneficio general de todo el sistema y el bienestar de toda la sociedad.

En la medida que los humanos consigan crear un sistema de relaciones en el cual todos los individuos sientan la dependencia y la relación entre ellos y actúen de forma armónica, como diferentes órganos en un solo cuerpo, así se formará la adaptación entre ellos y la fuerza única. Gracias a tal adaptación, podrán ascender a un estado más avanzado y más correcto para su existencia.

Abraham llevó a la práctica las leyes que descubrió en la naturaleza, por lo que se dijo de él que "él unifica y hace la paz entre todos los creados", como lo explica el *Maharal de Praga* (1520-1609). Fue nombrado como 'hombre de gracia', "No se conoció benevolencia como la de Abraham, y la paz que trajo entre los hombres siendo padre de una multitud de naciones"[1].

El desarrollo de una segunda naturaleza de amor al prójimo es lo que le permitió a Abraham descubrir la fuerza única. Dicha fuerza se conoce también con nombres como 'Dios', 'Creador' o 'Fuerza Superior', y su cualidad es el amor y la entrega pura.

Después de esta revelación, Abraham emprendió el viaje de su vida un viaje de campaña informativa que abrió un nuevo capítulo en la historia humana, y sus influencias seguirán repercutiendo por siglos y milenios después. Así describe *Rambam* (Maimónides) este proceso: "Abraham tenía cuarenta años cuando conoció a su Creador. Puesto que conocía y sabía, comenzó a responder a preguntas de los habitantes de Ur de Caldea y a practicar conversaciones con ellos, diciendo que el camino que ellos transitan no es el verdadero. Rompió las estatuas… y comenzó a invocar con alta voz a todo el pueblo, anunciándoles que hay un Dios en todo el mundo".

---

1 *Maharal de Praga*

Lucha ideológica

"Nosotros venimos a demostrar al mundo entero el ideal más elevado que hay en el propósito de la creación… mientras ponemos nuestro ojo observador sobre el inanimado, el vegetal, el animal y el hablante, mientras ponemos atención a la maravillosa conexión que nos conecta a todos juntos, mientras marcha con orgullo la decisión de que toda la creación está amarrada y unida conjuntamente, como una sola cadena".

Abraham Isaac Kook, Artículos del Raiya.

En la sociedad babilónica Abraham era un excéntrico. La idea de la "Unión de todo" de Abraham era opuesta al modo del avance de la evolución humana en la Babilonia de aquel tiempo; de una forma de vida colectiva a una forma de vida en la que los individuales están interconectados entre sí en un sistema de intereses. De hecho, el desarrollo en esa dirección aleja al hombre del modo de acción del sistema de la naturaleza.

Al ver la realidad como una sola entidad, Abraham comprendió que el interés particular que se arraigó en la sociedad, produciría eventualmente una destrucción. Él descubrió que cada individuo es parte inseparable de la totalidad de la sociedad, y por eso, su preocupación por sí mismo únicamente, a expensas del prójimo, es contraria a la forma del "Uno" que caracteriza la totalidad de la realidad.

El enfoque más opuesto a la idea de la "Unión de todo" de Abraham, estaba representado por el líder local de entonces, un dictador cruel llamado Nimrod. Los antiguos sabios cuentan sobre Nimrod: "hasta sus días, las personas eran iguales y ninguno superaba al resto para dominarlos, y Nimrod comenzó a superarlos y a dominar la tierra" (Interpretación *Metzudat David*). El proceso del poderío de Nimrod fue resumido por el conocido historiador del primer siglo d. C., Flavio Josefo, con las siguientes palabras: "Poco a poco fue convirtiendo el estado en un gobierno de tiranía" (*Josefo*).

Nimrod se considera el dueño de la idea de construir la Torre de Babilonia, mencionada en el capítulo anterior. Cuando Abraham vio el caos que se desató en aquella época, comenzó a advertir a la gente sobre la catástrofe que el ego traería sobre sus cabezas en su desenfrenada ambición por el dominio. El *Midrash* relata: "y pasó Abram hijo de Taré y vio aquellos constructores… y sintió angustia" (*Pirkei de Rabí Eliezer*).

La colisión entre Nimrod y Abraham se asemeja a la colisión entre dos enfoques opuestos de la vida. La ideología que Abraham representa, ve el bien del colectivo como un principio esencial y va en contra de la aspiración al dominio egoísta que representa Nimrod. De hecho, en este punto comenzó la división entre el enfoque del primer judío y el enfoque del resto del mundo.

Nacimiento de un pueblo

La mayoría del público sintió atracción por el método de Nimrod, más cercano a la naturaleza egoísta del hombre, pero hubo quienes sintieron que la verdad se hallaba en el método de Abraham. Junto con su esposa Sara, Abraham daba clases de lo que había descubierto sobre la estructura del mundo, la ley única e inclusiva según la cual está compuesta la realidad, y también acerca del modo de vida que se adapta a esa estructura.

De todos los pueblos, las tribus y los clanes que vivían entonces en esa zona, Abraham reunió a las personas que se conectaron con su enfoque y tuvieron la disposición de avanzar. *Rambam* describió cómo iba Abraham "caminando y clamando y reuniendo al pueblo, de ciudad en ciudad y de reino en reino, hasta que llegó a la tierra de Canaán". Él hablaba con quién estaba dispuesto a escuchar. "Puesto que el pueblo se unía a él y le hacían preguntas sobre sus palabras, él instruía a cada uno según su razón hasta que regresaban al camino de la verdad, y así se unieron a él cientos y miles, los cuales conformaron la casa de Abraham" (*Rambam*).

Abraham enseñaba la cualidad de *Jesed* (gracia), con el fin de crear entre sus discípulos una relación apropiada para la revelación de la única fuerza. Rabí Shmuel Borenstein de Sochatchov (1855 - 1926) explica: "La intención de la creación era que todos estén en una sola unión", por esto, Abraham les enseñaba que todos debían conectarse como uno solo por encima de sus tendencias egoístas, y gradualmente "se unieron a él en una gran congregación llamada los hombres de la casa de Abraham, que iba creciendo hasta convertirse en la congregación de Israel" (Rabí Shmuel Borenstein).

Así nació el grupo 'la casa de Abraham', de la que eventualmente se formó el pueblo de Israel. Este fue un pueblo cuyo origen no es biológico, natural, como el del resto de los pueblos, sino ideológico, conceptual.

Efectivamente, a lo largo de la historia, muchos individuos de las naciones del mundo se unieron al pueblo de Israel. Entre ellos Onkelos, el converso, Rabí Akiva que fue hijo de conversos, Rut la moabita que fue la tátara abuela del rey David, quienes se convirtieron en personajes importantes en la vida del pueblo judío.

Así, el grupo de Abraham, constituyó el fundamento del pueblo de Israel, y del resto de los hombres se crearon a continuación las naciones del mundo.

Las raíces del odio

La lucha ideológica entre el método de Abraham y el método de Nimrod creó un conflicto interno, que constituye la raíz de los sentimientos negativos que sentirán los diferentes pueblos hacia los judíos, desde entonces hasta hoy.

Nimrod odiaba a Abraham, como está descrito en los Midrashim, al punto que lo lanzó al horno de fuego, pero este logró salvarse. ¿Cuál era el origen de este odio que llevó al intento de aniquilación del primer judío?

Nimrod representa el enfoque basado en las relaciones interesadas. Este método se enfoca en el deseo natural del hombre de recibir todo para sí, a favor de su hogar, partiendo de su egocentrismo, lo cual es opuesto al enfoque de Abraham, que sitúa en el centro de la atención el beneficio de la sociedad como un conjunto, partiendo del deseo de dar, de otorgar al prójimo, de preocuparse por el otro.

La lucha ideológica entre ellos se basa en el conflicto entre dos fuerzas opuestas: el recibimiento y la entrega. Es por eso que quien no siente que hay verdad en el método de Abraham, naturalmente revela una oposición al mismo, que va aumentando en la medida que va comprendiendo más su esencia.

A medida que la lucha ideológica iba intensificándose, y a la vez iba creciendo el aborrecimiento contra Abraham y su enfoque, este reunió a sus

¿Quién eres, pueblo de Israel?

alumnos y decidió abandonar Babilonia. Josefo describió en su libro: "por estas cosas, la gente de Ur de Caldea y el resto de los habitantes de Mesopotamia reñían contra él y así surgió la idea de partir y la tierra de Canaán se convirtió en su heredad" (Josefo).

Desde entonces vieron los habitantes de Babilona al grupo de Abraham que se retiraron como extraños. Esta sensación de alienación también acompañará a ese pueblo que se desarrollará en el futuro de los alumnos de Abraham, a lo largo de su camino en el mundo.

Israel y los pueblos

Gracias a la orientación de Abraham y los líderes espirituales que le siguieron, el pueblo de Israel se mantuvo unido, mientras que el resto de las naciones se propagaron de la zona de Mesopotamia por todas las partes del planeta. Se esparcieron, crearon diferentes lenguajes y se convirtieron en las sesenta naciones básicas del mundo.

Este proceso está descrito en las escrituras de Josefo:

"Desde entonces fueron propagados los hombres por sus diferentes lenguas y construyeron aldeas en todas partes y se adueñó cada uno de la tierra que se le presentaba, en donde Dios lo condujo, hasta que la tierra se llenó de ellos, tierra adentro y al borde de los mares. Y hubo quienes se trasladaron por barcos y se asentaron en las islas. Algunos de los pueblos aún mantienen los nombres que recibieron de los fundadores y otros los cambiaron, y a veces los remplazaron de modo que fuera más claro para sus vecinos".

Así fue dividida la humanidad, de modo conceptual, en setenta naciones que se desarrollaron de acuerdo al egoísmo natural, y en oposición a ellas una sola nación con la ideología de la unión entre sus miembros.

La división de la humanidad en setenta naciones básicas es una división natural, que existe en la especie humana. El pueblo de Israel no se incluye entre estas setenta naciones, como lo dice el Libro del Zóhar: "en oposición a las setenta naciones del mundo, ellos era una sola nación frente a todas".

¿Por qué Israel no se considera un pueblo más entre la totalidad de los pueblos del mundo? Porque el pueblo de Israel, desde un principio, no tiene ningún factor natural en común como en el caso de cualquier otro pueblo. Como se ha dicho, la idea espiritual de Abraham es la que reunió a personas diferentes a su alrededor, y las convirtió en un pueblo especial, cuando antes de esto habían sido como cualquier habitante de Babilonia.

Debido a que el pueblo de Israel fue compuesto de representantes de todo tipo de clanes, tribus y pequeños pueblos diferentes y variados, se crearon dos aspectos en la unión entre ellos, o dos estratos.

El primer estrato era la textura humana que incluía las cualidades básicas de cada persona, de acuerdo a su raíz especifica dentro de las setenta naciones del mundo. Por encima de esto, se formó un segundo estrato debido a la tendencia a la espiritualidad. Esto es que a pesar de que las personas eran diferentes y diferían unas de otras, en todos existía la tendencia a la espiritualidad, es decir, a desarrollar cualidades de gracia, amor y entrega. Esta tendencia los conectó en una ideología común, como un adhesivo que unió a todos. Desde entonces hasta la actualidad, mientras los judíos están conectados en el segundo estrato, en conexión espiritual, en tendencia a la revelación de la fuerza única partiendo de una relación de amor mutuo, el pueblo judío existe en el sentido espiritual y entonces también prospera en el sentido material. No obstante, cuando el ego crece y no logran mantener la conexión espiritual, los judíos vuelven a ser un grupo de personas de diferentes pueblos sin ningún factor común, y sin capacidad de superar las brechas entre ellos.

La cima de la conexión

Después de que los hijos de Israel se complementaron en un pueblo al pie del Monte de Sinaí y a continuación ingresaron a la tierra de Israel, la cima de su evolución fue la construcción del templo en Jerusalén. El templo representa la conexión completa que alcanzó el pueblo judío, después de haber descubierto la fuerza del amor y la entrega mediante el método de conexión enseñado por primera vez por Abraham.

En el sentido espiritual, el templo no es un edificio magnífico hecho de madera y piedra, sino principalmente un estado en el que el amor al prójimo prevalece entre todos. Rabash explica: "el corazón del hombre tiene que ser un templo... por lo tanto uno debe tratar de construir su propia construcción de santidad" (Rabí Baruj Shalom Ashlag). Esto significa superar los deseos egoístas que se revelan en el interior del hombre e implementar la ley mayor de "ama a tu prójimo como a ti mismo" en su totalidad. El templo material es solo un recordatorio externo de dicho estado de conexión interna.

Es importante comprender que el pueblo de Israel no está compuesto de un grupo de personas puras y de delicado espíritu, sino por el contrario, justamente son personas con un deseo egoísta muy desarrollado que se sienten atraídas a estudiar ese método y es por esto que en muchas instancias surgieron entre ellos conflictos y diferentes problemas, como se sabe. Pero la gran importancia que se le da al principio de la unión por encima del odio, ha ayudado a crear entre ellos lazos más y más poderosos, al punto de sentir realmente la fuerza que conecta todas las partes de la naturaleza. Del modo en el que hay entre las moléculas una fuerza que mantiene las conexiones químicas entre ellas, así es también en las relaciones compuestas entre las personas.

La fórmula de la existencia judía es "el amor cubrirá todas las transgresiones" (Proverbios 10). Las transgresiones son las disputas, las colisiones y la sensación de división que existe entre los humanos. El amor se considera como la capacidad de conectar entre contrastes y hacer de ellos una integración única y mutua.

◆

Los judíos ascendían a Jerusalén en las tres peregrinaciones y esto era un evento espectacular. No son muchos los que saben que la peregrinación tenía por objeto crear la congregación y el acercamiento afectivo entre los miembros de la nación, formar una unión en la que se sintiera la fuerza única.

Josefo detalla en su libro *Antigüedades judías*: "Tres veces al año se congregarán los hebreos en la ciudad en la cual construirán el templo... y lo lograrán mediante el contacto y la negociación, lo cual se estampará en sus memorias, unos dentro de los otros, mediante la visión y la conversación; y si llegaran a quedarse sin el contacto y la negociación entre ellos, cada uno verá a su prójimo como un absoluto extraño" (Josefo).

Los peregrinos eran recibidos en Jerusalén con brazos abiertos. Los habitantes de la ciudad los hospedaban en sus casas y los trataban como verdaderos familiares y todos tenían lugar.

Así se describe esta maravillosa situación en las fuentes: "Y todos los artesanos en Jerusalén se paraban ante ellos y preguntaban por su salud: 'hermanos, residentes de tal y cual sitio, ¿han llegado para bien?', y sonaba la flauta ante ellos hasta que llegaban al monte del templo" (*Mishná*). No había persona en Jerusalén que no se preocupara por sus necesidades. "No decía uno: no encontré horno para asar pascuas en Jerusalén… no encontré cama donde dormir en Jerusalén" (Avot de Rabí Natan).

La fuerza superior prevalecía dentro de estas relaciones de amor; todos se sentían libres y alegres, liberados de sus preocupaciones personales y podían dedicarse al beneficio del colectivo.

El filósofo Filón de Alejandría describió la peregrinación: "Miles de personas de miles de ciudades, algunos llegaban por tierra y otros por mar, de oriente y de occidente, del norte y del sur, llegaban en cada festividad al templo como a un templo común, a un puerto resguardado de las tormentas de la vida… con un corazón pleno de buenas esperanzas hacían estas vacaciones esenciales con santidad y con respeto a Dios: creando relaciones amistosas con personas que no conocieron hasta entonces, y fundiendo los corazones… encontraban la prueba definitiva de la unidad".

En los tiempos en que Israel implementaba la unión entre ellos, servían como fuente de inspiración. En el Libro del Zóhar está escrito que cuando existía el templo "el rostro de todos estaba iluminado… y no había día en el que no se hallaran en él bendiciones y alegrías. Y así, Israel estaba asentado seguramente en la tierra y el mundo entero se alimentaba gracias a ellos" (Sifrei Dvarim).

Los antiguos sabios contaban sobre los gentiles que se impresionaban al ver la espectacular imagen de la peregrinación, y pedían unirse al "mar de amor", y así "ascendían a Jerusalén y veían a Israel… y decían, qué más grato que adherirse a esta nación".

Cuesta creer que sobre la tierra de Israel hubo alguna vez otro Israel; una sociedad en la que cada individuo se preocupaba por su prójimo como de sí mismo, una sociedad en la que se implementaban de forma práctica las palabras de Abraham sobre la conexión y la unión de todo.

Observación a la profundidad de la naturaleza

La visión del mundo de los judíos se basa en la capacidad de equilibrar entre dos fuerzas opuestas: el recibimiento y la entrega, la fuerza egoísta y la fuerza anti egoísta, o la fuerza divisoria y la fuerza unificadora. Esta capacidad les dio una "visión global" que permitía el examen y el análisis de estados de forma más avanzada, desde dos puntos de vista diferentes a la vez.

Para ilustrar esta capacidad de "visión" especial, imaginémonos un estado en el que cubrimos uno de los ojos por varios meses y luego quitamos la cobertura y volvemos a ver con ambos ojos. No hay duda de que a través de ambos ojos, nuestra visión será más profunda que ver a través de un solo ojo.

Al mirar la realidad como un solo complejo, los judíos lograron descubrir cómo esa fuerza única desarrolla al inanimado, al vegetal, al animal y al hombre. Al comprender la ley de evolución general, se les aclararon las razones internas de todo lo que se manifiesta ante nuestros ojos en la realidad, todos los fenómenos. Ellos comprendieron la conexión entre la causa y el efecto, por qué ocurren las cosas del modo que ocurren. Para ellos quedaba clara la ley general de la naturaleza.

De acuerdo a esta ley se formaron la estructura social, la educación y la cultura y se definieron las leyes de conducta especiales que enfatizaron la mutualidad y la relación, una actitud especial hacia la familia, la sociedad, los necesitados, los ancianos, los animales, las plantas y el entorno ecológico, y también leyes como *Shmitá* (el año sabático) y el jubileo, días como el *Shabat*[2], *Rosh Jodesh*[3] y fiestas especiales.

Es decir que las costumbres y las leyes judías que hoy se consideran como leyes morales o religiosas, esconden en su interior mucho más que lo que se ve a la vista. Estos provienen del reconocimiento de la ley oculta del sistema integral de la naturaleza. Baal HaSulam escribe en su artículo *La libertad*:

---
2   Shabat es el día sagrado de la semana que se festeja en el día sábado
3   Rosh Jodesh – Inicio del mes, la luna nueva judía.

"Las Mitzvot[4] en la Torá, no son más que leyes y costumbres fijadas en los mundos superiores, que son las raíces de todas las conductas de la naturaleza en nuestro mundo".

La destrucción de la relación

Un tiempo después de la construcción del primer templo, volvió a irrumpir el ego, creció el enfoque individualista de la vida, y esta vez fue precisamente en el mismo pueblo que se dedicó a incentivar el acercamiento a lo largo de los años.

Los judíos se dividieron en campamentos, cada uno se sumió en la preocupación por sí mismo y la división que se formó quebró los fundamentos de la nación. Si bien a lo largo del periodo de separación hubo intentos de renovar la conexión, así como ocurrió al construirse el segundo templo y en el periodo de los macabeos, no lograron parar el proceso de deterioro.

"Nuestros antepasados atestiguaron que Jerusalén no fue destruida sino por causa del odio vano que había en esa generación, porque entonces estaba la nación infectada y murió, y sus órganos se dispersaron en todas direcciones".

El *Netziv de Volozhin* (1816 - 1893) describe las relaciones que se formaron entre los judíos de aquella época: "los contemporáneos de la generación de la destrucción del segundo templo eran una generación terca y retorcida... por causa del odio vano que había en su corazón hacia el otro... creían que todo lo que no se rige según su opinión en lo referente al tema del temor al Creador, es mandatorio matar a aquella persona... y se desprenden de esto todas las maldades del mundo, hasta que al fin se destruyó el templo" (*Baal HaSulam*).

Al socavarse las relaciones entre los miembros de la nación, fue aumentando la codicia por el dinero, el poder y el dominio. "De esto se dio la destrucción del primer templo, cuando quisieron realizar las virtudes de la riqueza y el poderío por encima de la justicia, como el resto de los pueblos, y debido a que la Torá prohibía todo esto, negaron a la Torá y a la profecía y adoptaron las costumbres de los vecinos, para poder disfrutar de la vida,

---
4 Preceptos

en la medida que les exigía su egoísmo. Al hacer esto, se deterioraron las fuerzas de la nación. Parte de ellos fue tras reyes y oficiales egoístas, y parte de ellos fue tras los profetas. Esta división continuó hasta la destrucción". Así escribió Baal HaSulam en su artículo "El exilio y la redención", y sigue:

"En el segundo templo se enfatizó mucho más pues el comienzo de la separación allí se remarcaba de forma abierta por medio de los alumnos que seguían un enfoque errado, y estaban encabezados por Sadoc y Boethus... pues no quisieron retirarse del egoísmo. Por eso reunieron las colectividades seguidoras de esta terrible conducta y se convirtieron en una secta llamada Saduceos, que eran personas adineradas y oficiales, persecutores de las pasiones humanas que son opuestas al camino de la Torá, y lucharon con los Fariseos y fueron ellos quienes trajeron el reino de Roma y el dominio sobre Israel, y ellos fueron los que no quisieron hacer las paces con los poderosos, como lo aconsejaron los antiguos sabios en base a la Torá, hasta la destrucción del templo y que se descubrió la luz en Israel".

La corrupción se expandió también entre los sacerdotes, que coimearon a las autoridades tratando de arrebatar puestos uno de otro. Los antiguos sabios clamaron: "¿Por qué razón descubrieron esto? Porque aman el dinero y se odian unos a otros" (*Tosefta*). El puesto del sacerdote supremo, que anteriormente simbolizaba el punto más alto de la devoción a la sociedad, se convirtió en ciertos tiempos en un puesto que se compraba con dinero.

Más aún, para caer en gracia ante las autoridades, parte de los sacerdotes aplicaron en tiempos del segundo templo, más y más símbolos de la cultura helenística. Parte del pueblo se oponía a esto y se rebeló contra los sacerdotes. De ese modo, después de una guerra civil que se desató entre ellos mismos, entraron los judíos a colisiones con las autoridades.

Es entonces que la raíz de la destrucción no se hallaba en la colisión entre judíos y sus enemigos externos. El odio, sin embargo, se encuentra dentro de la nación judía.

Guerra civil

A finales del periodo del segundo templo, el odio había alcanzado su cima. Josefo cuenta en su libro "La guerra de los judíos" que los centuriones romanos se alegraron por la guerra civil entre los judíos, y cuando instigaron a su comandante, Vespasiano, para que atacara antes de que se dé vuelta la situación, éste les contestó que mejor dejar que los judíos hicieran el trabajo, pues si llegaban los romanos, enseguida se unirían frente a las fuerzas enemigas, mientras que si los dejaban, serían consumidos por el fuego de la querella.

"El Dios hace la guerra mejor que yo, y Él entregará a los judíos en manos de los romanos gratuitamente, dando en manos de nuestras fuerzas la victoria sin esfuerzo ni peligro. Mientras los enemigos sigan aniquilándose entre ellos, ya que una terrible maldición cayó sobre ellos, una guerra civil, mejor observar de lejos y esperar con paciencia que inmiscuirnos en la querella de quienes están destinados a morir, que luchan entre ellos con un espíritu de locura".

Vespasiano agregó y describió que los judíos no se preocupan ahora de preparar armas y reforzar sus murallas, sino "solamente se ahorcan entre sí en su guerra civil y la disputa, y cada día sufren de problemas y terribles malicias, que ni siquiera nosotros les haríamos si les conquistáramos. Quien quiera salvar su alma, debe dejarlos que se maten entre ellos hasta el final. Y si buscan la gloria de la victoria, esta no crecerá al caer sobre tal enemigo, que en su propio hogar lo carcome la espada, porque entonces se dirá con toda razón que no por sus manos se dio la victoria sino por culpa de la disputa".

El templo, símbolo de la cúspide de la unión y el amor, no podía mantenerse en tales condiciones de odio y división. Por eso ocurrió la terrible destrucción. Las vasijas del templo fueron conducidas a Roma y el evento fue tallado en la famosa Puerta de Tito.

Aquí comenzaron 2000 años de exilio, señalando que el pueblo que estaba en la tierra de Israel perdió su espiritualidad. La esencia de este exilio no es geográfica ni histórica, sino un exilio espiritual interno de la cualidad del amor. Así define Rabash el exilio: "están situados bajo el dominio del deseo de recibir para sí mismos". Esto es que cada uno piensa solamente en su propio interés.

En dicho estado, el pueblo judío volvió a entrar al dominio del estrecho egoísmo, y en ello era opuesto a la fuerza única. No obstante continúa

¿Quién eres, pueblo de Israel? 35

manteniendo la tradición judía y cumpliendo sus costumbres, pero desconectado de la fuerza superior.

La formación de las religiones

"Al momento de destruirse el templo, abandonó nuestro espíritu".
Comentario del Gaon de Vilna sobre Safra DeTzniuta.

La destrucción de las buenas relaciones entre los judíos hizo que la fuerza única desapareciera de su percepción. Como resultado de la pérdida de la revelación real de la fuerza única que maneja toda la realidad, aparecieron formas religiosas populares y diferentes creencias.

La primera forma se desarrolló dentro del pueblo de Israel, que se sumió en actos externos, abandonando la ley más importante de la Torá: "ama a tu prójimo como a ti mismo".

Las plegarias de las personas se concentraron en peticiones egoístas, en lugar de pedir la fuerza de amor al prójimo. Las obras de caridad para ayudar al prójimo también se hacían por obediencia a un código moral o para obtener méritos "en el cielo", y no por sentirse internamente cercanos entre sí.

El vacío que se creó en el corazón de la nación se llenó con cálculos fríos respecto al "que está sentado en los cielos", inventado por ellos mismos. Comenzó una carrera egoísta: quién es más estricto, quién es más justo, quién tiene más razón, quien se merece más recompensa y quién debe ser castigado. Esa es la esencia de la destrucción de la relación que continúa destruyendo al pueblo judío hasta el día de hoy.

La 'ideología del Único', que era el fundamento del pueblo judío, se mantuvo a lo largo del periodo del exilio solamente entre virtuosos llamados "sabios de la Cabalá" o "cabalistas". Ellos continuaron la investigación de la fuerza única, tratando de asemejarse a ella en sus cualidades, como lo hicieron originalmente los padres de la nación.

Las cualidades y los fenómenos de la unión general que descubrían los cabalistas en el proceso de desarrollo, fueron documentados por ellos en lo que recibirá en un futuro el nombre de 'Sabiduría de la Cabalá'. Al pasar el tiempo, personas que no comprendían la interioridad de las cosas que están descritas en la Sabiduría de la Cabalá, terminaron distorsionándola. Así se atribuyeron erróneamente a la Cabalá todo tipo de virtudes, hilos rojos, la mística, la magia y una gran variedad de supersticiones. La esencia de la interioridad de esta sabiduría, quedó únicamente en el conocimiento de quienes la recibieron de maestro a discípulo, de generación en generación.

Del judaísmo popular surgió el cristianismo y unos cuantos siglos después, a principios del siglo séptimo, nace también el islam. Cada una de las religiones desarrolló sus propias costumbres y también adoptó para sí una especial actitud hacia los judíos.

El cristianismo y el islam introdujeron en la conciencia humana términos abstractos como "fuerza superior", "fe", "rezo", "recompensa y castigo" y también ideas sobre el amor al prójimo y el valor de la vida humana. Si bien en cada una de las religiones estos términos pasaron muchos cambios hasta perder su significado espiritual original, tal como ocurrió en el judaísmo popular, a la par contribuyeron al avance de la humanidad hacia un sitio que le permitiera entender en un futuro el verdadero significado que está detrás de estos términos.

Las religiones desarrollaron la concientización de la humanidad a un nivel de ideas abstractas, pero debido a que fueron creadas en base a la naturaleza egoísta del hombre, en muchos casos las religiones se convirtieron también en una fuente de coerción y dominio, llevando incluso a guerras. Durante muchas generaciones estarán los miembros de la religión judía, bajo el dominio del cristianismo y el islam. No obstante los judíos ya dejaron de actuar según su esencia ideológica original, estas cualidades impresas en ellos en la época de evolución antes de la destrucción del templo, provocarán que su influencia sobre el mundo se destaque en forma excepcional.

Capítulo 4

Rodando por el mundo

"¿Por qué se esclavizó Israel en todas las naciones?
Para que a través de ellos ascienda el mundo entero".
Libro del Zóhar con la interpretación
"HaSulam", Parashat Shemot, 288

Durante los años del exilio, el pueblo de Israel se dispersa entre las naciones del mundo. En ese periodo, los judíos absorben los valores y las ambiciones que existen en las diferentes culturas de las naciones del mundo, y por otra parte producen desarrollo en cada lugar al que llegan.

"Por cuestiones de una sabiduría oculta es que Dios nos deja en el exilio", se escribió en el libro El Kuzari, de Rabí Yehuda Haleví (1075-1141), "una sabiduría que está oculta en la semilla: esa semilla cae en la tierra y allí cambia y se convierte, supuestamente, en polvo, agua y cemento, y dependiendo del observador, a éste no le queda una impresión perceptible de lo que fue esa semilla antes de ese proceso. Pero pasado un tiempo resulta que dicha semilla es la responsable de cambiar el polvo y el agua y convertirlos en lo que es su propia naturaleza, y es ella la que los hará pasar cada etapa hasta que se refinen sus elementos y se tornen semejantes a ella. Entonces sacará cáscaras, hojas y más. Hasta que se purifique la semilla y esté capacitada para pasar aquel asunto divino, y la forma de la semilla inicial se convierta en un árbol frutal, como el fruto del cual salió aquella semilla".

La observación histórica demuestra que la asimilación de los judíos en todo el mundo influyó mucho al desarrollo de la humanidad. Esto fue muy bien descrito por Huston Smith, profesor de estudios religiosos en los Estados Unidos: "existe un punto que se destaca a lo largo de la historia judía en general. La cultura occidental nació en el Medio Oriente, y los judíos se hallaban en sus encrucijadas. En la gloriosa época de Roma, los judíos estaban cerca del centro del imperio. Cuando el poder se trasladó al oriente, el centro judío estaba en Babilonia; cuando pasó a España, otra vez, allí estaban los judíos. En la Edad Media, cuando el centro de la cultura se situó en el centro de Europa, los judíos ya estaban esperándole en Alemania y en Polonia. El ascenso de los Estados Unidos al nivel de potencia mundial, encontró a los judíos concentrados allí" (Huston Smith, *The Religions of Man*).

Más aún, cuando se leen las palabras escritas por el pueblo judío a lo largo del exilio, se descubren cosas sorprendentes. "El pueblo de Israel era como un sol", dijo Werner Sombart, el célebre investigador alemán de principios del siglo XX, "en todo lugar en el que brillaba, allí crecía de la tierra una nueva vida; y la destrucción llegaba a aquel sitio del cual se retiraba".

Un ejemplo eminente: en el siglo 15, los judíos se vieron obligados a abandonar España y muchos de ellos huyeron a Turquía, donde fueron recibidos con los brazos abiertos debido a su contribución económica al país huésped.

El sultán otomano, Bayezid II, estaba tan entusiasmado por la expulsión de los judíos de España y su llegada a Turquía, al punto que se contó que "agradeció cínicamente al rey Fernando por haberle enviado varios de sus mejores súbditos, y así empobreció su propia tierra enriqueciendo de ese modo la de Bayezid". En otra fuente está escrito: "cuando el rey Fernando, quien expulsó a los judíos de España, era nombrado en su presencia (de Bayezid), este decía: '¿cómo pueden considerar al rey Fernando como un gobernante sabio, habiendo empobrecido su propia tierra, enriqueciendo con ello la nuestra?" (Israel Zinberg, *History of Jewish Literature*).

Este proceso se repitió en diferentes países, según las siguientes fases: en principio los judíos traen prosperidad al país, luego se despierta el odio contra ellos, a continuación les afectan y finalmente los expulsan. Fueron los judíos quienes formaron la base de todo el sistema comercial del mundo moderno. Ellos estaban dispersos en diferentes países y para sustentarse hacían negocios entre ellos. Tenían un idioma común, una cultura uniforme, valores similares y confianza uno en el otro, lo cual les facilitaba la comunicación.

A cualquier parte a la que un judío llegaba, podía entrar a la sinagoga y hospedarse en casa de los habitantes del lugar. Esto creó extensos contactos comerciales que formaron una verdadera red de negocios. Estas conexiones entre los judíos crearon una infraestructura de desarrollo de relaciones comerciales, industriales y económicas entre las naciones del mundo. De aquí se desarrolló la conocida imagen del "judío comerciante".

El secreto del éxito

A lo largo de los años del exilio, mientras vivían entre las naciones del mundo, los judíos se destacaban por sus logros. El éxito despertaba por un lado, admiración, y por otro lado, envidia. Desde entonces hasta hoy, diferentes teorías tratan de prestar una explicación racional a la pregunta: ¿por qué los judíos tienen tanto éxito?

Existe una especulación según la cual la cultura de estudio del pueblo judío: las filosofías de la Torá a la que se dedicaba cualquier niño judío desde temprana edad, era la raíz del éxito.

Es interesante ver que prácticamente en cada hogar en Corea del Sur se encuentra la traducción del Talmud. Ellos creen que allí se encuentra el secreto de la magia judía.

Otra explicación dice que genéticamente los judíos tienen un coeficiente intelectual más alto. Otra referencia considera que la necesidad del judío de sobrevivir en todas partes hizo que su mente se perfeccionara más. Pero en realidad, más allá de todas estas razones, existe una razón esencial, con una raíz más profunda.

Los judíos, debido a su especial desarrollo, tuvieron la capacidad de considerar cada asunto partiendo de dos fuerzas opuestas, como se mencionó anteriormente: el recibimiento y la entrega, lo cual les dio una visión más profunda y más amplia de la realidad.

No obstante, desde la destrucción del templo, los judíos perdieron su conocimiento espiritual, pero al conocer la fuerza única, una chispa única dejó en ellos un sello eterno. Esa chispa les dio una ventaja consistente sobre los demás. Les permitió triunfar y sobresalir, por ser parte de la fuerza de la creación general que desarrolla la naturaleza entera. Es la fuerza que les motiva a inventar y desarrollar innovaciones y hacer así que toda la humanidad avance.

La capacidad que los judíos tuvieron anteriormente para ver la realidad como un sistema único conectado, les dio un sentido especial, además de la comprensión sobre cómo crear conexiones, administrar negocios, formar una sociedad, organizar la caja nacional, etc.

De aquí queda claro porqué expulsar a los judíos de algún país, es como quitar el pegamento que conecta entre todas las partes del sistema y puede producir el colapso de dicho país. Hoy mismo, en Francia, por ejemplo, expresan el temor de que los judíos dejen el país.

Pero junto con el éxito de los judíos, el odio contra ellos fue intensificándose.

El odio hacia los judíos

El odio, cuyas raíces aparecieron ya en la época de Babilonia debido a la oposición entre el deseo egoísta natural del hombre, representado por Nimrod, y la aspiración a una vida de unidad, representada por Abraham, vistió diferentes formas a lo largo de la historia.

Los grandes filósofos, pensadores e historiadores romanos y griegos, como Manetón, Séneca y Tácito, argumentaron que los judíos son "el origen de las maldiciones y las enfermedades" y que son descendientes de leprosos. En casos de desastres naturales y plagas, echaban la culpa a los judíos de la ira divina que supuestamente producía el golpe. Los libelos de sangre contra los judíos comenzaron ya en la era antigua: una de las reclamaciones era que los judíos sacrificaban personas.

Con la llegada del cristianismo, creció también el odio contra los judíos por asuntos religiosos. Los judíos fueron nombrados los enemigos del cristianismo por su oposición a Jesús, y la responsabilidad de su crucifixión cayó sobre los judíos. En la antigua Roma se dictaron varias limitaciones contra los judíos y a veces el odio se manifestaba actuando en contra de ellos con violencia y quemando sinagogas.

En la época medieval creció la violencia contra los judíos y fueron inventados ficciones y libelos de sangre en su contra. Se contaba que los judíos tenían poderes mágicos y estaban estrechamente relacionados con el diablo, que envenenan los pozos de agua y eran responsables de la plaga de la muerte negra. La sedición causó disturbios en su contra, llevándolos finalmente a la hoguera.

Las cruzadas y el dominio cristiano en Europa produjeron en los reinados europeos una política de depresión de las minorías. Los judíos fueron expulsados o ejecutados por su negación a convertirse al cristianismo. Muchos judíos en España optaron por cristianizarse, aunque en secreto seguían sus prácticas judías. La inquisición quemaba a judíos que confesaban mantener su judaísmo, después de haber sido terriblemente torturados durante crueles investigaciones.

En el periodo cristiano protestante, volvieron a aparecer los libelos de sangre contra los judíos, después de no lograr convertirlos, incitando a la violencia en su contra.

Al aparecer, para la tercera religión, el islam, los cristianos y los judíos fueron denominados 'herejes' y dignos de muerte. Con el tiempo, nuevos motivos de odio a los judíos fueron ingresados a la religión musulmana por el gran número de cristianos que se volcó al islam. Así, en los escritos religiosos más tardíos del islam, como ser el Hadit, hay muchas referencias y especificaciones referentes al odio a los judíos, mucho más que en el Corán.

A lo largo de la época medieval, los judíos fueron odiados y repudiados. Pero la edad moderna dio vida a nuevas esperanzas, de que quizás el odio contra los judíos se apagara.

Integración y esperanza

En el siglo 16, con la aparición de los protestantes, el gobierno de la iglesia en Europa se tambalea y se desatan crudas guerras religiosas. Paralelamente,

Copérnico y Galileo Galilei notifican con sus descubrimientos sobre la llegada de la revolución científica moderna, que trae vientos de enfrentamientos con la hegemonía eclesiástica.

Estos eventos conducen a una nueva etapa de la historia europea: la era de la iluminación. Los pensadores del movimiento de la iluminación confiaban que el racionalismo daría paso a un nuevo y correcto orden social, en lugar del dominio de la iglesia y la religión. Ellos aspiraban a basar los principios tales como la libertad del individuo, el honor propio y la igualdad entre todos los seres humanos.

Esta tendencia a la igualdad cobra velocidad principalmente en Europa occidental. En 1791, durante la revolución francesa, por primera vez en la historia, los judíos reciben derechos dentro del marco de la emancipación. Si bien los derechos que fueron dados a los judíos como individuos mejoraban su estatus social y nivel de vida, a la par debilitaban las relaciones comunitarias entre ellos.

Es interesante ver que esta tendencia de fortalecer al individuo a costas de debilitar la relación comunitaria entre los judíos, era, en realidad, un paso premeditado. El espíritu de las discusiones que tomaron lugar en esa época, está reflejado en las palabras del Conde de Clermont-Toner, quien fue uno de los partidarios de la integración social de los judíos en la sociedad:

"Aquí llega el ataque de los enemigos del pueblo judío, contra el cual se reclama que es hostil para la sociedad, que se le exige dar préstamos a una tasa de interés reducida, que no tiene permiso de unirse con nosotros, ni por lazos matrimoniales ni por medio de relaciones sociales comunes; nuestros platos les son prohibidos, no les permiten sentarse a nuestras mesas, y nuestro ejército jamás verá judíos que salen a proteger a la patria. El reclamo más serio ya ha sido refutado y el resto son reclamaciones ficticias... si tuvieran una patria y tuvieran tierras, no se dedicarían más a los préstamos; he aquí un camino a la corrección. Con respecto a la hostilidad contra la sociedad, esto tiene mucho de exageración... quizás me dirán que los judíos tienen sus propios jueces y sus propias leyes especiales. Yo les contestaré: eso es vuestra culpa y no tienen por qué aceptarlo de ese modo. **A los judíos como nación, hay que quitarles todo, pero a los**

judíos como individuos, hay que darles todo. (Michael Gretz, La revolución francesa y los judíos).

La oportunidad de mejorar su nivel económico y social, junto a ideologías de igualdad, libertad y socialismo, arrastró a más y más judíos.

La era de la iluminación que sitúa al hombre y su desarrollo personal en el centro, promueve el desarrollo individualista de los judíos. Éstos abandonan los muros del gueto, se esparcen por las naciones del mundo como individuos y utilizan sus capacidades para promover su nivel y su éxito personal. Esto contrajo un alejamiento más de la "ideología del uno", en base a la cual se formó el pueblo judío.

◆

Una mirada hacia atrás, a la era moderna, nos permite ver que los judíos realmente aprovecharon la oportunidad que se les dio y sobresalieron prácticamente en todo ámbito posible. Ellos absorbieron de los pueblos en los que vivían, deseos, ambiciones y la definición de los propósitos de la vida, y los perfeccionaron aún más. Los judíos traían un avance sustancial a cada ámbito nuevo al que ingresaban, con la influencia de las naciones del mundo.

Gracias a la cualidad especial de triunfar, los judíos desarrollaron teorías científicas y sociales, desarrollaron el mundo de la capacitación profesional y la cultura, la economía y la ciencia, con un éxito rotundo, tomando puestos de gran influencia y gestión de dinero, en un porcentaje docenas de veces mayor a su proporción en la población.

Como todos ya sabemos, Karl Marx, Sigmund Freud, Albert Einstein, tuvieron un impacto inmenso sobre el mundo. La familia Rothschild, con todas sus ramificaciones, consiguieron un éxito económico enorme.

Este éxito produjo un gran asombro entre muchos de los filósofos de la época. Por ejemplo, Mark Twain se expresó así: "la contribución del pueblo judío a la lista de célebres nombres en el mundo de la literatura, la ciencia, el arte, la música, la economía, la medicina y la investigación, su número está fuera de cualquier proporción". En Europa oriental y en Rusia, a diferencia de Europa occidental, no se recibieron leyes de emancipación. Allí fueron dictadas, a lo largo de los años, diferentes reformas relacionadas a los judíos, que en algunas instancias mejoraban su posición y a veces la empeoraban. En este proceso, la revolución industrial aceleró la intervención de los judíos en el ámbito de la economía. Las familias Brodsky y Wissotzky se hicieron con la industria azucarera y del té, y la familia Poliakov prosperó en el negocio ferroviario. En Rusia se acostumbraba decir: "dos judíos, Wissotzky y Brodsky, gobiernan con cada taza de té que te tomas".

El "problema" judío

A fines del siglo 19, antes de la Primera Guerra Mundial, la economía se hallaba en una crisis financiera importante. Las corrientes socialistas en la sociedad criticaban los monopolios económicos. El mundo fue degenerándose hasta el extremo.

A pesar de que la mayoría de los judíos son simples obreros y pobres, el éxito de un número pequeño de familias judías sobresale especialmente siendo la situación económica tan difícil, alimentando el odio natural que existe hacia los judíos desde un principio.

En esa época se publican los *Protocolos de los ancianos de Sión*, un documento en el que aparecen conversaciones secretas de 'líderes del judaísmo internacional' ('Ancianos de Sión'), que trata de su plan de dominar el mundo. Según este documento, los judíos fueron quienes iniciaron las revoluciones en Europa y crearon ideas para socavar la sociedad europea. Además de esto, los judíos dominaban los precios del oro y se apoderaron de los medios de comunicación.

En el año 1881 comienzan crueles pogromos en el imperio ruso, que reciben el nombre de "Tormentas en el Neguev"[5]. Luego de un tiempo, también en Alemania, los judíos fueron culpados de la pobreza de los ciudadanos y de apoderarse de las finanzas, para ser descritos como 'zorros' y ambiciosos. Después del juicio de Dreyfus en Francia, mientras comenzaban expresiones de antisemitismo en el país en el cual comenzó la revolución de la libertad y la igualdad, en el año 1896 Theodor Herzl publicó su innovador libro llamado *El Estado Judío*, en el que escribe:

---

5   Neguev: zona desértica al sur de Israel

"En todas partes hemos tratado de asimilarnos, inocentemente y honestamente, dentro del pueblo en el que vivíamos, excepto en cuestión de mantener la fe de nuestros antepasados. Pero no nos permiten hacerlo. Nosotros somos patriotas leales y en ciertos sitios incluso de modo excesivo, pero es en vano; nosotros sacrificamos las mismas víctimas tanto en propiedad como en almas, tanto como nuestros conciudadanos, pero es en vano; nosotros nos esforzamos en glorificar el nombre de nuestras patrias en artes y ciencias, incrementando sus riquezas por medio del negocio y las relaciones comerciales, pero es en vano; aunque vivamos en nuestras patrias durante siglos, nos repudian como a intrusos".

No obstante la esperanza de los judíos de asimilarse en la sociedad general tuvo éxito, pero despertó en su contra la furia de la población local. A pesar del gran beneficio que sustrajo Europa del intelecto judío, los judíos no fueron aceptados como parte de la sociedad. Aquí, por primera vez, se desarrolló en los judíos la conciencia de que no importa lo que hagan, siempre se les considerará extranjeros, odiados, indeseados.

Y así, a pesar de sus múltiples intentos de asimilarse en las naciones del mundo, los judíos siguieron sintiéndose diferentes, y todo logro que se les atribuía, despertaba un antisemitismo más extremo aún.

Un llamado de advertencia

Parte de los judíos entienden que no podrán resolver el problema del odio en su contra en sus países natales, y por eso deciden emigrar, principalmente a los Estados Unidos. Otros promueven la idea nacional: la fundación de un estado independiente para el pueblo judío en la tierra de Israel.

A la par del proyecto sionista, se levantaron varios cabalistas que sentían que no basta con cambiar de morada para escapar del antisemitismo. El poder entender la realidad a través de la interioridad del judaísmo, les proporcionó una perspectiva más sobre lo que ocurre. Ellos tenían claro que la situación del mundo exige una alternativa para un nuevo orden, que el mundo puede obtener únicamente del pueblo judío, quien ya anteriormente experimentó el estado de unión.

Estos cabalistas recurrieron al público judío en los países de la diáspora y explicaron que llegó el momento de regresar a la tierra de Israel y fundar en ella una sociedad ejemplar, basada en la ideología según la cual se consolidó la nación israelí desde un principio. Ellos incluso pronostican que, en caso de que no respondan a esta solicitud, los resultados serán muy duros.

Los principales cabalistas que actuaron de este modo fueron Rabí Yehudá Ashlag (Baal HaSulam, 1884-1954) y Rabí Abraham Isaac HaCohen Kook (el Rayia Kook, 1865-1935).

Durante la Primera Guerra Mundial, el Rav Kook habló a sus hermanos judíos con gran emoción: "*La estructura del mundo se está desmoronando ahora a los pies de terribles tempestades de sangrientas espadas, que demandan la fundación de la nación israelí*".

La estructura de la nación y la revelación de su espíritu son una misma cosa, y está completamente relacionado con la estructura del mundo que está desmoronándose y espera la fuerza plena de unión y superioridad; y todo esto se halla en el alma de la asamblea de Israel... Israel debe exponer la fuente de su vida, estar listo a poner de pie su carácter espiritual... La cultura mundial se sacude, el espíritu humano se debilita, la oscuridad cubre a los pueblos. La oscuridad cubrirá la tierra y las tinieblas cubrirá las naciones".

El Rav Kook sintió la emergencia y advirtió a los judíos que no esperaran para emigrar a Israel de inmediato: "hermanos, hijos de Israel, hermanos queridos, vengan a la tierra de Israel. Únanse uno con otro, no esperen trámites ni asuntos formales, no esperen recibir permisos escandalosos y famosos, hagan lo que puedan, escapen y únanse, vengan a la tierra de Israel. Tracen las vías para nuestro amado y oprimido pueblo... sólo tienen un camino a seguir y transitar solamente por él, y sobre él deben caminar, precisamente hacia la tierra de Israel".

Como ya se mencionó al principio del libro, en el año 1919, Baal HaSulam también recurrió a varios rabinos líderes, advirtiéndoles que había finalizado el exilio y había que emigrar a la tierra de Israel sin demora. En aquellos días, Polonia estaba luchando por su independencia y vertía su ira y su frustración sobre sus ciudadanos judíos. Pero a pesar de los pogromos y el sufrimiento, los rabinos rechazaron su propuesta con la excusa de que el sionismo es secular y ellos no deben involucrarse en cuestiones seculares.

A pesar de la autoridad rabínica, Baal HaSulam infringe su veredicto y se aparta. Después de averiguar cuáles son las condiciones de vida en Israel, organiza ocultamente un grupo de cientos de familias, localiza terrenos para vivir y encarga unas chozas de vivienda de Suecia. La condición que presenta Baal HaSulam para emigrar es que cada uno debe aprender una profesión que le facilite un sustento digno.

No obstante, cuando su plan se torna vigente, el secreto se revela y los rabinos aplican una pesada presión sobre su grupo, produciendo su disipación. Baal HaSulam es marginado y boicoteado por los rabinos además de ser humillado. Le quitan su empleo como rabino y se queda sin casa y sin sustento. Pero no se da por vencido. En la primera oportunidad que se presenta, sale junto a su familia a un largo y penoso viaje hacia la tierra de Israel.

Así, las emocionales invocaciones y las advertencias de los cabalistas no influyen a la multitud judía que se queda en su sitio hasta que llega lo más terrible que se pudiera pensar.

Antisemitismo basado en la raza

"El diablo se encarna en la imagen tangible del judío. Si el judío alcanza la victoria sobre el resto de los pueblos del mundo, su corona será la corona de flores del entierro de la humanidad".

Adolf Hitler, "Mein Kampf" (Mi lucha)

En el año 1925 se publica el primer volumen del libro autobiográfico de Adolf Hitler, *Mein Kampf* (Mi lucha). Este se convierte en la plataforma ideológica para justificar la aniquilación masiva del "peligro judío".

Por medio de varios argumentos, Hitler explica de la superioridad de la raza aria en comparación con la inferioridad de la raza judía, que su existencia corrompe al pueblo alemán puro. La percepción de Hitler aprovecha hasta el final el nacionalismo creciente en aquella época y constituye una expresión máxima del extremismo del ego humano.

El antisemitismo extremo y racista, a diferencia del odio a los judíos que le precedió, no les dejó a los judíos demasiadas opciones y aun cambiando su religión no podrían zafarse de sus garras.

Hitler vio en la salida contra los judíos una misión suprema: "La naturaleza eterna se venga sin piedad por la violación de sus mandamientos. Por esto, considero que hoy actúo de acuerdo al deseo del Creador Todopoderoso: al protegerme de los judíos, estoy luchando por la labor de Dios".

El tirano nazi, así como Vespasiano, el comandante del ejército romano en su momento, definió el punto débil de los judíos según su criterio, de la siguiente manera: "el judío aspira a la unión únicamente si un verdadero peligro lo obliga a hacerlo, o si lo tienta a hacerlo un botín común. Cuando ambas razones no son ya válidas, las características de puro egoísmo toman su lugar y en un abrir y cerrar de ojos se convierte ese pueblo unido en una banda de ratas, que luchan entre sí hasta sangrar" (Adolf Hitler, Mein Kampf).

En el año 1933 asumen los nazis al gobierno y el antisemitismo comienza a cobrar manifestaciones prácticas. En 1938, Hitler está dispuesto a enviar a los judíos de Alemania y Austria a cualquier país que los acepte. Declara que "sólo resta esperar que el otro mundo que tanta simpatía siente por esos delincuentes, sea al menos lo suficientemente generoso para convertir su simpatía en una ayuda práctica. Nosotros, por nuestra parte, estamos dispuestos a trasladar estos delincuentes a la disposición de estos países. Por mi parte, incluso en barcos de lujo" (Ronnie S. Landau, The Nazi Holocaust).

En el año 1938, los representantes de la mayoría de los países del mundo libre se reúnen en Évian, una comunidad francesa al sur de las orillas del lago Lemán, compartido con la ciudad de Ginebra. El propósito de esta conferencia es tratar el tema del "problema judío" y encontrar soluciones, en referencia a los judíos que deseaban huir de Alemania y Austria y pedían asilo.

Las delegaciones de la conferencia expresan su empatía por la difícil situación de los judíos viviendo bajo el régimen nazi, pero no se hacen responsables de ningún compromiso ni ofrecen soluciones reales. Varios meses después de esta conferencia, estalla la Segunda Guerra Mundial y con ella se determina el destino de los judíos de Europa.

Nunca jamás ocurrió un exterminio tan sistemático y organizado de un pueblo como el del pueblo judío, llevado a cabo por los nazis mediante su plan "La solución final".

Capítulo 5

La tierra de Israel

"Llamamos al pueblo judío en todas las diásporas para unirse en torno al Yeshuv[6] haciendo Aliá[7] y ayudando en su construcción, y situarse a su derecha en la gran batalla por el cumplimiento de la aspiración de generaciones de la redención de Israel".
David Ben Gurion en el discurso de la declaración de independencia.

Con la fundación del Estado, grandes olas de inmigrantes de Europa, del norte de África y de Asia, bañan la tierra de Israel. El pueblo judío que se va consolidando de todos los países de la diáspora, hace sus primeros pasos en la formación del joven país y en la estructuración de la nueva imagen de la tierra de Israel.

En las dos primeras décadas de la independencia de Israel, el gobierno actúa para formar la sociedad israelí en base a la "ideología del crisol", la fusión de las diásporas. El propósito es combinar en la sociedad a los inmigrantes que llegan de países, cultura e ideologías diferentes y crear una cultura uniforme. Así, los líderes del Estado esperan formar una identidad

---
6 Población judía de Israel antes del establecimiento del Estado
7 Del hebreo: ascenso, inmigración a la tierra de Israel

israelí común. La imagen del 'sabra'[8] es también parte de esa formación planificada del modelo, con el fin de crear un pueblo nuevo con un nuevo sistema de valores y una nueva cultura que promoverán a la sociedad israelí. "El nuevo judío" nació del deseo de alejarse de la imagen del "judío antiguo", agachado y perseguido. No tiene temor, debilidad y no es diásporo ni tiene rasgos burgueses. Es hijo de padres pioneros, idealistas, fuerte, trabaja la tierra, bronceado, guerrero.

El orgullo nacional se va formando y el espíritu sionista pretende unir al pueblo bajo una visión y propósitos comunes volcados en la fundación y construcción de la tierra de Israel. Igualmente, Baal HaSulam continuó advirtiendo que no basta con construir el Estado de Israel, armar carreteras, secar pantanos y crear una nueva cultura, pues a la par de todo esto hay que construir el espíritu judío partiendo de sus raíces, basado en la "ideología del uno", sobre la cual se fundó el pueblo judío desde su principio y sin la cual la nación israelí no podrá existir. Ésta debe ser el corazón latente de Israel, el alma de la nación.

Mirando hacia atrás se puede ver que la ideología del crisol pretendía borrar las diferencias entre los miembros de la nación que se estaba consolidando, ignorando las brechas entre ellos, basándose principalmente en la cultura que se desarrolló en ese período de la población de la tierra de Israel y en la cultura europea que trajeron consigo los inmigrantes de las primeras olas de la *Aliá*.

Esto fue un intento de formar una igualdad en vez de una unidad. Baal HaSulam explicó que se trataba de un error. Una conexión real entre personas jamás podrá crearse del intento de borrar la identidad de la persona. La unidad positiva se forma solamente desde una relación mutua profunda que se eleva por encima de la diferencia y crea un tipo de "adhesivo" y cohesión interna basada en lazos de amor y entrega al prójimo, de la sensación de la fuerza única que hay en la naturaleza. Baal HaSulam expresó el enfoque sobre este asunto principalmente en un artículo que tituló *El individuo y la nación*, publicado en el año 1940, en el cual escribió sobre su fuerte sensación respecto a lo que falta en la sociedad israelí y la manera de formarla.

---

8 Nombre dado a una persona nacida en Israel. En hebreo: Tzabar, el nombre del cactus opuntia, en alusión figurada a la tenacidad y el carácter espinoso de esta planta del desierto, que en su interior es tierna y dulce.

El individuo y la nación

> "La única esperanza es organizar una nueva educación nacional a fondo…, introducir en cada uno de nosotros el sentimiento de amor nacional, tanto de individuo a individuo como de los individuos hacia el colectivo… y este trabajo debe preceder a cualquier otro".
>
> Baal HaSulam, *El individuo y la nación*.

Este principio apunta a la fundación de una nueva forma de vida sobre la formación de lazos de amor entre los miembros de la sociedad, como se da de *forma* natural entre los miembros de una familia. Las diferencias entre los miembros de la nación no deben ser eliminadas. En cambio, gracias al sentimiento común, del amor nacional que nace entre ellos, se formará una única relación en la que las diferencias entre los distintos individuos completarán en uno lo que falta en el otro.

El asunto del "amor nacional" sobre el que escribió Baal HaSulam, es tan sutil al punto que puede ser interpretado como nacionalismo. Es por eso que Baal HaSulam enfatiza en su artículo la clave, el mecanismo que solamente de él podrá otra vez surgir el pueblo judío como nación de la unión de las diásporas: "Tengo que enfatizar de inmediato sobre este asunto de la educación nacional, pues si bien me refiero a que hay que arraigar un gran amor entre los individuos de la nación uno al otro y en toda la totalidad de la nación, en la mayor medida posible, aun así no se trata en absoluto de chauvinismo (patriotismo) o fascismo, tan odiados por nosotros".

Para representar las relaciones que deben nacer, Baal HaSulam usó la analogía de los órganos de un cuerpo: "de la forma en la que se refleja la vida podemos ver que el proceso de la nación se asemeja completamente al proceso de una persona individual y la función de cada individuo en la nación es igual a la función de los órganos del cuerpo del individuo. Así como el cuerpo de un individuo debe contar con una armonía completa entre sus órganos: los ojos ven, ayudando al cerebro a pensar y consultar, entonces las manos obran o luchan, los pies caminan, etc.; que cada uno esté listo y espera desempeñar su función, del mismo modo actúan los órganos que componen el cuerpo de la nación: los consejeros, los empleadores, los empleados, los líderes, etc.; quienes deben funcionar entre ellos con una armonía completa. Esto es imprescindible para mantener la vida normal de la nación y para una existencia segura".

Del mismo modo que un órgano en el cuerpo no se parece al otro, tampoco un individuo se parece al otro. Precisamente la unicidad del individuo es la que, al final de cuentas, contribuye a la sensación de un sistema completo, siempre y cuando cada órgano actúa para beneficio del cuerpo entero. Así, en un acto de "garantía mutua" entre sí, los diferentes órganos permiten la existencia del cuerpo. Baal HaSulam advirtió que es un terrible error considerar el naciente Estado de los judíos tan solo como un país de refugio al cual huyen del terror y que el factor común sea escapar de los acechos. Con el corazón dolorido compara a la sociedad israelí con una "bolsa de nueces".

No hay en la nación el espíritu que la reviva y la unifique desde adentro, sino los enemigos desde afuera son los que los congrega. "La unión que se crea por causa de un factor externo no es, en absoluto, una unión nacional. Somos como una pila de nueces unidos en un solo cuerpo por fuera gracias a una bolsa que nos cubre y nos junta. La medida de esa unión no los convierte en un cuerpo unido y cualquier movimiento leve aplicado sobre la bolsa, los hace correr y esparcirse. De ese modo cada vez se unen y se juntan una y otra vez por razones temporarias, faltándoles la unión natural desde adentro. Lo único que los une es un caso exterior. En nuestro caso, esto es algo que realmente causa un gran dolor del corazón".

Estas palabras escritas en los años cuarenta, pronostican las divisiones a las que estarán expuestos con los años en gran potencia en la sociedad israelí. Si bien en tiempos de tribulaciones, en Israel se renueva un espíritu temporario de calidez y contacto interno, al pasar el peligro se esfuma de inmediato. Baal HaSulam continuó en sus escritos: "así como la muerte natural del individuo es el resultado de la falta de armonía entre sus órganos, en el caso de la nación, su hundimiento natural es el resultado de una perturbación formada entre sus órganos". La falta de armonía en el cuerpo de la nación significa que el individuo prefiere su propio beneficio por encima del beneficio general. Cuando este asunto se expande, puede conducir al deterioro y el colapso de los sistemas. Esto es como un tumor canceroso en el cuerpo que comienza a desarrollarse a cuentas de las demás células sin considerar el beneficio del cuerpo total, hasta que mata al cuerpo y a sí mismo en el proceso, siendo parte inseparable del mismo. Baal HaSulam no sólo escribía sino también intentaba promover sus argumentos en forma activa, pero hubo quien se le opuso. Ortodoxos extremos temían que las ideas que él difundía afectaran su capacidad de control del público y por eso se ocuparon de que las autoridades británicas cerraran la editorial de sus artículos con vanas excusas. Esto ocurrió en el año 1933 y también en 1940. A pesar de las dificultades, Baal HaSulam no se dio por vencido. Una y otra vez mantuvo reuniones con los líderes de la población judía que se estaba consolidando, con los cabecillas de los movimientos obreros y con personajes públicos, entre ellos David Ben Gurion, Zalman Shazar, Moshe Sharet, Haim Arlozorov, Moshe Aram, Meir Yaari, Yaakov Hazan, Dov Sadan y Haim Nahman Bialik, a quienes describió los fundamentos ideológicos sobre los que la sociedad israelí tendría que formarse. Pero el Estado de Israel se desarrolló en otra dirección. La falta de fundamentos sociales adecuados produce a continuación dificultades que irán revelándose en la nación israelí.

Desmoronamiento

En vísperas de *Yom Kipur* del año 1973, se produce un ataque sorpresivo por parte de la coalición de los países árabes que toma a Israel desprevenido. La sociedad israelí paga un precio muy alto, un dolor muy profundo comienza a partirlo desde adentro. El alto número de caídos en la guerra crean un vacío interior. La seguridad, el orgullo y la euforia temporaria que unieron al pueblo antes de la guerra de *Yom Kipur*, se torna en una fuerte crítica y una sensación de falta de fe en los líderes. El lugar de la sensación de solidaridad es tomado por el separatismo y la polarización social. A pesar de que el FDI (Ejército Israelí de Defensa) logra al final cambiar el proceso de guerra y crear una victoria en todos los frentes, las implicaciones de esta guerra en la sociedad israelí son muy duras. La visión sionista que supuestamente unió a la joven sociedad israelí en los primeros años, fue quebrándose paulatinamente. La sensación de colectivo se rompió. El espíritu sionista que fue lo suficientemente fuerte para despertar el sueño del regreso a la tierra de Sión y el comienzo de la población y la construcción de la tierra de Israel, deja lugar a luchas de poder, capital y gobierno. El ego vuelve a dominar mayormente, y no es nada sorprendente el hecho de que pronto queda prendido en la magia del nuevo "sueño" del mundo entero; el sueño americano que enfatiza que el éxito individual va cambiando de a poco la visión sionista de los fundadores. El espíritu individualista mueve las ruedas de la creciente división social. El *"sabra"* se hace más global, se enfoca en sus propios intereses y mucho menos en la realización común, la redención de la tierra pasa a manos de trabajadores extranjeros, las puertas de las casas que antes estaban abiertas de par en par se cierran tras candado y barrotes. La seguridad económica y el éxito material conquistan a la sociedad israelí. Fijarse metas y logros personales se convierte en una ideología superior. La cultura del consumismo ostentoso va aumentando. Valores como hermandad, preocupación y ayuda mutua, dan lugar a valores que promueven el poder y el orgullo. De ese modo, además de las grietas que ya existían: asquenazi versus orientales, seculares versus religiosos, se agrega una creciente brecha entre los niveles sociales y una desigualdad.

♦

Si observamos el proceso que pasó la sociedad israelí desde entonces hasta hoy, no cabe duda de que podemos anotar grandes éxitos en muchos terrenos. Después de todo, ya hemos comprobado que no se les puede quitar a los judíos la creatividad y la innovación. En las últimas décadas, el Estado de Israel se convirtió en una potencia mundial en todo lo referente a emprendimientos y *startups*, su alta contribución en el desarrollo de disciplinas científicas, medicina, tecnología, electrónica, computación, comunicación y media, internet, redes sociales, además de innovaciones e inventos en el terreno de la agricultura y la ecología. Todo esto coloca la industria israelí en la cima de la lista de los países más influyentes a nivel internacional. Según el reporte anual de la organización mundial de la propiedad intelectual de la ONU, la ciudad de Tel Aviv se encuentra en el primer lugar en cuanto al número de *startups* per cápita en el año 2017, y en el primer lugar en la exportación de servicios en el ámbito de la tecnología de información y comunicaciones.

Pero paralelo a esto, según la organización de cooperaciones y desarrollo económico, Israel es uno de los países más prominentes en el tema de la desigualdad mundial. Los israelíes invierten muchísimo en el éxito personal, pero, ¿qué ha pasado con las relaciones personales entre ellos?, ¿qué ocurre con la cohesión social? y ¿por qué en este ámbito no logran registrar éxitos?

El individualismo debuta, el beneficio general se convirtió en un eslogan vacío para tiempos de elecciones, la corrupción corroe todo lo bueno. A setenta años de la fundación del Estado, la falta de conexión entre sus diferentes habitantes, la alienación y la falta de sentido de pertenencia, la desigualdad y las diferencias económico-sociales, todo esto amenaza desarmar a la sociedad israelí desde adentro. Israel está partida en sectores sociales y parece que cada uno viviera en un país propio. Un estudio que se realizó sobre las divisiones existentes en la sociedad israelí, en enero de 2017, por el instituto estadístico "Midgam" para el movimiento público "Pnima", encontró que "Las tribus en la sociedad israelí son muchas más de lo que se puede imaginar y están divididas y complicadas también dentro de sí mismas". Además: "prácticamente cada grupo mantiene ideas definitivas respecto a los otros grupos". El factor que más une a la sociedad israelí es la amenaza externa, y la garantía mutua entre los diferentes grupos no es algo que se ve en la vida diaria.

Según el reporte del odio del fondo Berl Katznelson de agosto 2017, en el último año hubo en la red de internet en hebreo unas 5 millones de expresiones de odio, un aumento del 16% en relación al año anterior. La falta de unión social produce, entre otras cosas, fenómenos de una identidad compleja y nada clara. En el mismo estudio del instituto "Midgam" resulta que "muchos en Israel mantienen varias identidades y cuanto más compleja es la identidad más conflictivo es el estado del individuo, tanto consigo mismo como con la sociedad que le rodea". La solución a aplicar es "resaltar el elemento de la identidad de uno a cuenta del otro, pero esto se cobra un precio personal". Entonces, quizás en Israel se haya cumplido el sueño americano pero en el camino se perdió aún más la identidad judía.

Pérdida de identidad

Los jóvenes contemporáneos que se crían en Israel, nacieron judíos, pero resulta que este hecho no les provee respuestas satisfactorias, mucho menos a los judíos de las diásporas, en relación a la identidad judía. Se puede decir que el gran peligro al cual se enfrenta hoy el pueblo judío es la pérdida de identidad. La vida sin fronteras en las redes sociales, los viajes prolongados en el exterior, la sensación de que todo el mundo se ha convertido en una aldea global; todo esto crea en la generación joven una identidad global individual multicultural. Muchos israelíes dejan el país y emigran a otros países buscando un bienestar personal, conectados a ideas y conceptos cosmopolitas. A la vez, inspirados en el liberalismo moderno, muchos de los judíos de las diásporas creen que cuanto más se asemejen al pueblo en el cual viven, así lograrán gradualmente asimilarse entre ellos placenteramente. Los casamientos mixtos son cuestión de rutina, y existen ya pronósticos estadísticos sobre cuándo llegará el día del último judío en los Estados Unidos. Hoy, el 80% de los judíos jóvenes en EUA sostienen que no les importa ser judíos y declaran que Israel ya no es una marca registrada con la que se identifican. De esto comprendemos por qué la relación entre Israel y los judíos de Estados Unidos se está debilitando. Muchos de ellos no comprenden el sentido de mantener su identidad judía siendo la única recompensa que esto les proporciona una actitud hostil por parte del entorno en el que viven. Este fenómeno por sí mismo es único. Piensen por un momento: ¿han visto alguna vez a un francés que no quiera ser francés y prefiera ser español o inglés? En ningún pueblo existe tal fenómeno según el cual uno no está interesado en pertenecer a su propio pueblo. Entre los judíos este es un fenómeno común. Hay muchos judíos que se sentirían felices de ser franceses, ingleses, americanos, etc. El "pueblo elegido" les suena a muchos judíos como una expresión de arrogancia, altivez, elitismo, el origen de prejuicios y de racismo. A su parecer, se trata de una expresión clara de una antigua filosofía que en su última reencarnación trajo todos los males sufridos en los últimos doscientos años, como el nacionalismo, los grandes narrativos e ideologías responsables de los peores horrores que vio el mundo en el siglo veinte. Parte de ellos considera que el concepto de elegidos es la verdadera causa del antisemitismo y por eso hay que hacer todo para desprenderse de esa definición. En realidad, no es casual el hecho de que tales vacilaciones respecto a la identidad judía surjan en nuestra generación.

Para que los judíos comprendan el potencial único que se encuentra en ellos, deben volver a conectarse al método de la unión por encima de todas las diferencias, en base al cual se rigieron en el pasado, y llevarlo a la práctica, encaminando a toda la humanidad hacia la unión. Ser una nación "elegida", es una definición de servicio comprometedor y no un título noble; esto nos lo enseña la Sabiduría de la Cabalá.

Mientras que los judíos no proporcionen al mundo la especialidad que poseen, solo les queda un título vacío o peor, interpretaciones extrañas inaceptables. Por eso no es de sorprenderse que en esta generación, la sensación de nación israelí se disipe y con ella también la identidad judía. Más aun, la falta de implementación de la ideología original del pueblo judío es la razón fundamental de la sensación de que algo en este pueblo está defectuoso, falto, errado, equivocado. La tendencia es relacionarlo a la corrupción gubernamental, a una mala política, a una actitud discriminatoria contra las minorías, etc. De todos modos, hay quienes no les olvidan a los judíos su identidad y se preocupan de recordárselo en cada oportunidad, aun cuando ellos mismos preferirían olvidarlo.

Antisionismo y antiisraelismo

Sobre las páginas escritas, el antisemitismo forma parte de un pasado. El holocausto llevó al centro de la conciencia humana la más descalificada de las ideas oscuras contra los judíos e incluso se formaron reglamentos contra la incitación al odio, el antisemitismo y el racismo. Formalmente, las ideas antisemitas fueron sacadas fuera de la ley. Desde esa época en adelante, no hay países occidentales que apoyen formalmente las ideas antisemitas. Pero la realidad demuestra que el antisemitismo se mantiene como una opinión profundamente arraigada en la cultura mundial y recibe una forma oculta, camuflada, que irrumpe en una variedad de formas nuevas. El Estado de Israel fue fundado después de que los países del mundo comprendieron que sería lo mejor que los sobrevivientes del pueblo judío pudieran regresar a la tierra de Israel a restaurarse y reconstruirse, ya que la vida entre las naciones del mundo no les servía ya como solución. Los judíos también tenían la esperanza de que este proceso ponga fin al odio y la persecución en su contra. Pero la fundación del Estado de Israel, que debería haber solucionado el "problema judío" del mundo, eventualmente produjo el nacimiento de una nueva forma de odio hacia los judíos en la forma del antisionismo. Una de las más interesantes expresiones sobre este asunto tuvo lugar en tiempos del pastor Dr. Martin Luther King (Jr.). Si bien pasaron muchos años desde que lo redactó en 1967, pero su precisión aún es sorprendente. En "Carta para un amigo antisionista", escribió: "Nuevamente deja de ser popular dar rienda suelta al odio contra los judíos en los países occidentales. Debido a esto, el antisemita siempre busca nuevas formas, maneras y nuevos escenarios donde verter su veneno. Por eso, ya no es que odie a los judíos, sino solamente es antisionista". Y continúa enfatizando: "Amigo, no le culpo de antisemitismo deliberado. Yo sé, que como yo, usted siente un amor profundo por la verdad y la justicia, y una aversión al racismo, a los preconceptos y a la discriminación. Pero sé que le han engañado, como a otros, haciéndole creer que es 'antisionista' y así seguir siendo leal a los sinceros principios que usted y yo compartimos. Permita que mis palabras hagan eco en lo profundo de su alma: cuando la gente hace acusaciones contra el sionismo, su meta real son los judíos. No se equivoque."

Desde el día de la fundación del Estado de Israel aumentó la hostilidad árabe hacia los judíos. El Dr. Mordejai Keidar, un renombrado orientalista conocido internacionalmente, explica que en el mundo musulmán, los judíos se definen como "dhimmis", patrocinados bajo la religión del islam. Según su creencia, los judíos no son un pueblo sino únicamente una religión y por eso no tienen derecho a autodefinirse. En tierras que fueron conquistadas por el islam, las personas de otras religiones deben vivir solamente bajo el dominio musulmán.

Por eso, la fundación del Estado de Israel por los judíos y la conversión de los musulmanes en una minoría étnica en el mismo, es algo inconcebible. Así fue formándose gradualmente un potente antisemitismo islamista. Hoy, la guerra contra los judíos y el Estado de Israel se define como una guerra religiosa, *Jihad*. Para el islam extremista, la destrucción de Israel se ha convertido en un ideal religioso, y terroristas suicidas reciben el estatus de *Shahids*. Resulta que el Estado de Israel se encuentra constantemente bajo una amenaza existencial.

◆

El antiisraelismo es un proceso paulatino que se va desarrollando en los países del mundo. La actitud hacia el Estado de Israel por parte de la organización de las naciones unidas, la cual en el año 1947 votó a favor de la fundación del estado judío con una mayoría de votos, lo expresa perfectamente.

En la última década, la ONU ha dictado 223 decretos contra Israel. En ese mismo período, fueron dictados solo ocho decretos contra Siria, la cual en los últimos seis años ha estado masacrando a sus propios ciudadanos sin piedad y a la vista de todo el mundo. El secretario de la ONU, Ban Ki-moon, al final de su cadencia en diciembre del 2016, resumió: "en los últimos diez años ha habido un número desproporcionado de decretos, informes y conferencias contra Israel". La crítica mundial contra el Estado de Israel, generalmente no constituye una crítica legítima, sino una deslegitimación de la existencia del Estado. Un importante número de organizaciones antijudías y antisionistas, junto a la campaña mundial de BDS, o como parte de la misma, actúan fervorosamente con el único fin de boicotear al Estado de Israel y de imponerle sanciones. Esto, por medio de una actividad propagandista, manifestaciones, peticiones y cartas de protesta. Recurren a los líderes mundiales de la opinión pública solicitando que se unan a la campaña que invita al boicot económico, académico y cultural contra Israel. En esta actividad toman parte grandes profesores a la par de periodistas y un público intelectual que pertenece en su mayoría a la elite económica cultural. Es sabido que hay un número importante de judíos e israelíes activos en estas organizaciones, y en muchos casos son ellos quienes constituye la fuerza pionera.

El nuevo antisemitismo

Paralelo al deterioro de la actitud hacia el Estado de Israel, vuelve a empoderarse el antisemitismo contra los judíos en el mundo entero. Según el índice de antisemitismo en el mundo de "La liga contra la difamación", una cuarta parte de la población mundial tiene hoy ideas antisemitas. El país más antisemita en Europa es Grecia, con el 69% de ciudadanos antisemitas y le sigue Polonia con un 45%. Esto, a pesar de que precisamente en esos países hay muy pocos judíos. Un 49% de los árabes en el mundo son antisemitas y un 24% entre los cristianos. También entre los hindúes y los budistas se encontró el antisemitismo en casi un cinco por ciento de los encuestados. Según los detalles de una encuesta hecha en mayo de 2017 por el instituto de investigaciones PEW, el 30% de los ciudadanos en el este y en el centro de Europa no quieren tener vecinos judíos y un 20% de éstos no desean que haya judíos en sus países. El 22% de los ciudadanos de Rumania y el 18% de los ciudadanos de Polonia están interesados en retirar a los judíos su ciudadanía. A la par, una encuesta hecha por la asociación sionista, publicada a principios del 2018, reveló que un 83% de los judíos de la diáspora han estado expuestos al antisemitismo en los medios de comunicación y en las redes sociales, y un 59% de ellos creen que los políticos en sus países son antisemitas en alguna medida.

La academia portadora de la libertad en los Estados Unidos, argumenta que los israelíes o los judíos dominan el mundo y son responsables de los atentados ocurridos en el día 11 de setiembre del 2001 en Estados Unidos, así como el atentado en las oficinas "Charlie Hebdo" en Francia en el 2015, y el surgimiento de ISIS, además de otras cosas. Los contenidos, las expresiones, las caricaturas, todos cargados de señales antisemitas. El contexto capitalista, el complot para hacerse con el dominio del mundo, incluso la gran nariz judía, vuelven a surgir. También los elementos de la izquierda radical en la academia occidental se confabularon con el islam político extremo. El profesor Robert Wistrich, uno de los más destacados investigadores del antisemitismo en el mundo, explica el antisemitismo contemporáneo con las siguientes palabras: "por medio de motivos tomados del antisemitismo clásico, Israel y el sionismo son presentados como una fuerza superior maléfica, que hace uso de métodos corruptos y magias para esclavizar al Medio Oriente y al mundo entero. Los diabólicos judíos sionistas son difamados sin excepción como imperialistas, racistas, que tienden a expandirse y explayarse, y como nazis; ocupados incesantemente en perseguir a los árabes, son mentirosos sistemáticamente y manipulan de forma distorsionada el holocausto para encubrir sus pecados. En los ámbitos fundamentalistas y extremistas en el mundo árabe y en Irán, se acostumbra ver a Israel como conspiradores, como una fuerza diabólica que trama contra el islam. Principalmente entre los partidarios del islam, los judíos e Israel son considerados como operadores del "gran demonio", esto es Estados Unidos. Por parte de los judíos regresan los viejos patrones defensivos: no resaltar el hecho de que se es judío, no andar por la calle usando distintivos judíos, no hablar en voz alta en hebreo, pretender que todo está bien, remarcar la pertenencia directa al país en el que viven los judíos como ciudadanos, el patriotismo, la lealtad incondicional a sus países.

◆

¿Se repite la historia?, ¿ocurrirá otra vez lo que ya ha ocurrido? Las grandes razones que conducen todo el tiempo al mismo fenómeno han ocupado a lo largo de toda la historia la mente de muchos. La sabiduría histórica es no detenerse en los detalles y en las épocas sino observar las relaciones entre los judíos y la humanidad desde arriba, y de allí responder a preguntas importantes relacionadas con el futuro. ¿Qué cuidó al pueblo judío hasta hoy y qué le espera mañana?, ¿será que la realidad volverá a poner a los judíos y a la humanidad en una nueva colisión?, ¿hay alguna esperanza de paz para Israel y en el mundo?

Capítulo 6

Pueblo eterno

"Todo es mortal, fuera del judío. Pueblos valientes pasaron y dejaron de existir, y solo el judío quedó".

Mark Twain / Acerca de los judíos

Cuando resumimos la historia, es difícil comparar cualquier pueblo con el pueblo judío respecto al número de intentos de borrarlo del mapa de la realidad.

"Según el criterio materialista esta nación debería haber desaparecido hace tiempo del mundo. Su existencia es un fenómeno misterioso y maravilloso, que demuestra que la vida de esta nación se rige por fuerza de una predestinación antigua". Estas palabras fueron escritas por el filósofo ruso Nikolái Berdiáyev en su libro *El significado del acto creador*.

"Si la estadística es certera" -dijo Mark Twain- "los judíos son solo un uno por ciento del género humano. Se puede comparar con una mínima partícula de polvo de estrellas que desaparece por la vía láctea. Lo normal sería que ni escucháramos hablar del judío, pero escuchamos sobre él y siempre se ha escuchado sobre él... Los egipcios, los babilonios y los persas se expandieron y llenaron el planeta con sus sonidos y su belleza y entonces desaparecieron como un sueño que se esfumó y se fue. Los griegos y los romanos les siguieron, hicieron gran ruido y ya no están. Otros pueblos nacieron y levantaron sus antorchas por un tiempo, pero se apagaron y su memoria esta hoy en las tinieblas o desapareció por completo. El judío los vio a todos, los venció a todos y se mantuvo tal como fue siempre".

Desde los albores de la historia, la ley de evolución en la naturaleza empuja al mundo hacia adelante. Va promoviendo a la humanidad gradualmente para formar un sistema íntegro y conectado, que se asemeja a la generalidad de la naturaleza del uno. El método para alcanzar este nivel de desarrollo se encuentra aún en la interioridad del pueblo que en el pasado lo implementó. Es un componente eterno escondido en los judíos y no depende de personas o de periodos sino de una idea.

"En la profundidad del alma de la nación -dijo el filósofo Hilel Zeitlin (1871-1942)-, en algún lugar lejano, profundamente enterrado, más allá de la conciencia y de toda imaginación, un poder creativo misterioso que en algún momento en el futuro se revelará y estallará con un estruendo grandioso, enorme y poderoso que impresionará al mundo entero y a los mismos judíos".

Aquella idea de Abraham fue la que imprimió en los judíos una carga interna que les permitió continuar existiendo como pueblo durante miles de años. Esta es también la razón por la que, a lo largo de las generaciones, los judíos llamaron tanto la atención, aun cuando ellos mismos no eran conscientes de su oculta unicidad.

No obstante a veces pertenecer al pueblo judío es algo que las personas perciben como una gran carga sobre sus hombros y quizás les gustaría renunciar a ella, pero parecería que hay algo más grande y poderoso que no permite que este pueblo desaparezca.

El mismo odio, diferentes excusas

"Es un hecho que Israel sea odiado por todas las naciones, ya sea por cuestión de religión, o por cuestión de raza, o por cuestión de capitalismo, o por cuestión de comunismo, o por cuestión de cosmopolitismo, etc., pues el odio precede a todas las cuestiones solo que cada uno resuelve su odio según su psicología."

Baal HaSulam (Escritos de la última generación)

A lo largo de las generaciones, las manifestaciones externas de ese odio interno, natural, que siempre persiguió a los judíos, fueron variando. Las formas de gobierno fueron cambiando, ideologías se levantaron y cayeron, pero el antisemitismo se mantuvo en pie. En cada época cambiaban las excusas para el odio hacia los judíos, pero siempre fue igual.

Según la Sabiduría de la Cabalá, mientras que el pueblo de Israel no forme una vida en base a la conexión y la unión entre personas diferentes y opuestas, dando así el ejemplo de un orden social tan necesario para la humanidad, los judíos serán considerados como una fuerza maligna que no tiene justificación de existir en el mundo.

Esto proviene del hecho que "La nación israelí fue fundada y creada como un medio de pasaje por el cual fluirán las chispas de purificación a todo el género humano en el mundo entero... para que puedan comprender la calma y el placer que se encuentran en la semilla del amor al prójimo". Así explicó Baal HaSulam en su artículo *La Arvut*[9], en el cual detalla la estructura de la relación entre Israel y las naciones del mundo.

Desde la destrucción del Templo, el método de vida corregido que debería haber continuado el desarrollo de la totalidad del mundo, se olvidó, y los judíos fueron considerados como quienes ocultan un gran secreto y se niegan a compartirlo con los demás.

Más aún, parecería que los grandes éxitos alcanzados por el "genio judío" mayormente se consideraron como negativos. Esto es debido a que los judíos usaron el potencial que se encuentra en ellos para desarrollar asuntos materiales y relaciones comerciales que conllevan intereses personales en vez de promover la amplia consciencia de la humanidad respecto a la nueva percepción de la realidad.

De aquí se desarrolló en las naciones del mundo una sensación negativa profunda contra los judíos, ya sea consciente o inconscientemente. El propio judío tampoco comprende la razón de las reacciones a las cuales está expuesto. Por eso, generalmente sucedía un proceso de racionalización de dicho sentimiento negativo que se despertaba en su contra con la intención de justificarlo. De ese modo se definieron, a lo largo de las generaciones,

---

[9] Arvut es un término hebreo que expresa un estado de garantía y responsabilidad mutua entre las personas.

una variedad de causas externas para el odio de los judíos. Sobre esta base racional, los judíos trataron de llevar a cabo diferentes soluciones para erradicar el odio, y tal como lo comprueba la historia, estos métodos no sirvieron de nada. El intento de asemejarse a las naciones del mundo y vivir entre ellas, no tuvo éxito y sólo condujo a la conclusión de que la única cosa que resolvería el problema de los judíos sería un Estado judío. Hoy hay quien considera que es precisamente ese Estado el que no deja poner fin al antiguo antisemitismo.

Pero la verdad es que aunque los judíos devolvieran toda la tierra de Israel y se trasladaran a una isla solitaria en el océano Pacífico, lejos de todos, el odio hacia ellos no desaparecería.

Es ingenuo pensar que cualquier política adoptada en relación al conflicto árabe-israelí, ya sea por parte de la izquierda o la derecha del mapa político, solucionaría el fenómeno antiisraelí: *"Pues el odio precede a todas las cuestiones"*, como lo ha explicado Baal HaSulam, y la razón de esto está conectada a una raíz eterna.

El fenómeno del antisemitismo ha acompañado al pueblo judío siempre, como una cáscara que cuida del fruto. Ha hecho que no se separaran unos de otros, que debieran buscarse entre sí, hasta volver a conocer la raíz, llegar al método que existe en ellos así como a su destino. Lo que más alegra en esto es que cuando hay un diagnóstico correcto, se encuentra la medicina adecuada.

Revolución de relaciones

Durante toda la historia, la sociedad humana ha sufrido luchas, guerras y derramamiento de sangre, y en el siglo 21 el mundo se encuentra en una encrucijada. A pesar del desarrollo, la innovación y el progreso, la humanidad no ha logrado encontrar hasta el momento la manera de hacer la paz verdadera entre los hombres. La intensificación del deseo egoísta del hombre vuelve a engendrar un potencial especialmente devastador y violento.

Hoy el mundo está tan interconectado y a la vez tan extremo y no hay hacia dónde escapar y aislarnos unos de los otros.

Un estallido en las relaciones internacionales influirá sobre todos porque todos estamos en una misma barca. El estado mundial apunta a la necesidad de una revolución en las relaciones entre los hombres. No se trata de una revolución de fuerza o una revolución cibernética, sino una revolución humana que llevará a la conexión y a la integridad en las relaciones entre los humanos.

Después de la Segunda Guerra Mundial se fundó la organización de las naciones unidas con el fin de traer la paz general al mundo. En la fachada del edificio de la ONU en Nueva York está tallada la profecía: "y convertirán sus espadas en palas y sus lanzas en hoces; no alzará espada nación contra nación, ni se adiestrarán más para la guerra".

Décadas más tarde, aún estamos lejos de la paz verdadera. En ciertos casos se ha podido alcanzar, a lo sumo, algún compromiso, una reconciliación, una tregua, una "paz fría" o convivencia amistosa.

Supuestamente, el liberalismo moderno proporcionó cierta esperanza de ser el orden social que traería la paz, la aceptación, buenas relaciones entre los hombres. Pero ya en los años cuarenta, Baal HaSulam advirtió: "cuando se destruya el régimen democrático, sus herederos serán el fascismo y el nazismo". Él enfatizó que "el mundo, erróneamente, considera que el nazismo es una causa solamente de Alemania", no obstante, "no hay esperanza ninguna de que el nazismo muera con la victoria de los aliados, porque mañana los anglosajones adoptarán el nazismo".

Baal HaSulam pronosticó un sorprendente proceso evolutivo en su lógica y hoy comenzamos a ver su realización en hechos.

Hasta el momento, el liberalismo se consideraba el orden social más avanzado de la humanidad. Un orden social con aspiraciones de establecer igualdad, decretar leyes que cuiden de los derechos de las minorías, crear un individuo más digno, más bueno, más intelectual.

Hoy por hoy, las ideas liberales e intelectuales, en base a las cuales la sociedad occidental pretendió avanzar, se hacen añicos a la vista de todos, y la esperanza de paz en el mundo cada vez se ve más lejana. ¿Quién podría haber imaginado que las cosas llegarían a este estado?

El liberalismo resulta ser impotente y débil frente a los poderes que le acechan a sus puertas: el islam extremista y los movimientos derechistas nacionalistas extremistas por un lado; y por el otro, una izquierda radical. Esta situación es singularmente preocupante, ya que cuando el orden social mundial comienza a desequilibrarse y fuerzas extremas comienzan a dominarlo, se crea un suelo fértil que puede llevar a una guerra.

El caos se hace presente en todos los tipos de relaciones humanas, partiendo de la vida individual de cada persona, encontrando difícil más que nunca formar una familia y mantener su integridad, pasando por la vida social que se hace cada vez más extrema y dividida, y terminando en la política, los mecanismos gubernamentales, en el mundo de los negocios y en otros ámbitos. Pareciera que todas las estructuras y los sistemas que hemos construido se van quebrando uno tras otro y es como si manifestaran su desesperación de alcanzar un nuevo orden social.

De hecho, la crisis y el caos general en el que nos hallamos, nos están empujando a reconocer la verdad, a comprender dónde nos hemos equivocado. Con la mano en el corazón, a pesar de que casi 250 años después del comienzo del liberalismo, más que palabras bonitas, en el individuo en sí no ha habido un cambio sustancial, no en Europa, ni en los Estados Unidos de América ni en ninguna otra parte.

Si miramos la situación de forma objetiva y observamos la interioridad del hombre, descubriremos que el ego humano se ha ido potenciando de generación en generación. Pero con el tiempo, a diferencia de antaño, el hombre moderno aprendió a ocultar sus ambiciones egoístas con más sofisticación y astucia.

El supuesto "envoltorio cultural" que ostenta el individuo, ya sea estudios, acumulación de conocimientos científicos, reflexiones filosóficas y culturales, no han cambiado su naturaleza de base. Incluso hoy, en la era de lo políticamente correcto, la supuesta actitud igualitaria y cortés que las personas se demuestran entre sí generalmente, no es una actitud genuina, cálida, sino de la boca para afuera.

Paz significa integridad. La integridad puede existir sólo con la condición de que conocemos la naturaleza del hombre y las fuerzas que la activan.

El enfoque liberal se halla en crisis hoy en día porque no tiene herramientas para tratar la naturaleza egoísta del hombre. Para llegar a la compleción en las relaciones humanas, a la verdadera implementación de los ideales como la libertad, la igualdad y la hermandad, no ayudan leyes, normas de conducta, la discriminación correctiva o regímenes de cualquier tipo, por la simple razón de que uno siempre encontrará la forma de darle el giro para su propio beneficio.

El eufemismo, la justicia propia y las normas formales de moral no tienen el poder de cambiar la actitud interior de la persona hacia su prójimo. Para eso se necesita una buena conexión entre las personas, una implementación total de dichos ideales. El individuo mismo debe cambiar. Esa es la clave para un cambio sustentable.

En cierto modo, se puede decir que nos encontramos frente al cambio del mecanismo de activación humana.

Una persona el día de hoy está acostumbrada a aceptar cambios tecnológicos, transiciones de un sistema de activación anticuado a otro más avanzado, pero le es difícil imaginarse que también uno debe pasar por una actualización.

Imagínense que tendrían que explicar a una persona hace 50 años atrás, qué es internet, qué son las redes sociales, cómo funcionan y cuál será su proyección sobre nosotros. Es muy probable que se dificultará dar tal explicación, debido a que se trata de algo que va más allá de la percepción de las personas en esa época. Un proceso similar deberá pasar la sociedad humana, sólo que esta vez se trata de una 'tecnología' que nos preparará para la conexión y la compleción mutua.

Esta evolución exige la participación consciente del individuo en el proceso, debido a que la parte que tiene que pasar una revolución es la parte consciente de la persona. Por eso, el cambio necesario no puede venir a través de coerción o castigos, ni por medio de métodos morales o promesas religiosas de recompensas en este mundo o en el próximo.

Baal HaSulam enfatiza en su artículo *El individuo y la nación*: "El dominio basado en coerción y castigo es una fuerza demasiado débil como para activar a cada individuo lo suficiente para mantener las necesidades del colectivo. El mismo colectivo se debilitará y no podrá cumplir su obligación de mantener y proteger el cuerpo y la propiedad de cada individuo que forma parte de él. Aquí tampoco se trata de la forma de gobierno de la nación, ya sea autócrata, demócrata o cooperativa, esto no cambia en nada el principio de la base de la fuerza de la unión social. No puede ser fundada, mucho menos continuar su existencia, si no es por medio de lazos de amor social".

Debemos reconocer que todos somos partes de un todo, estamos conectados y dependemos unos de otros, todos compartimos el mal y el bien. En nuestro desarrollo avanzado, cada individuo se preocupará por su prójimo comprendiendo el sistema general y por medio del desarrollo de un sentimiento profundo hacia todos y así se elevará por encima de su naturaleza egoísta hacia una naturaleza secundaria, más elevada.

Este es un cambio de consciencia que puede desarrollarse únicamente si se visualiza la imagen completa. Estamos por ampliar los límites de nuestra percepción, de una percepción estrecha contemporánea de consciencia del "yo", a una percepción inclusiva de consciencia del "uno".

El startup israelí

"Todas las culturas del mundo se renovarán por medio de la renovación de nuestro espíritu, todas las opiniones se alinearán, todas las vidas se iluminarán."

Abraham Isaac Kook (Luces)

La revolución de las relaciones entre las personas, es el *startup* israelí más avanzado, aquello que la sociedad humana tanto necesita hoy en día. Hoy mismo, Israel se encuentra en la lista de los países que más contribuyen a la innovación, pero en realidad su importante contribución está aún por revelarse.

La función de Israel es presentar al mundo el método avanzado de conexión, desarrollar la "próxima generación" en nuestra evolución como seres sociales y llevar a toda la humanidad al próximo nivel de existencia.

El método práctico de implementación del cambio consciente necesario está descrito ampliamente en la Sabiduría de la Cabalá. La unicidad de este método deriva de que actúa en adaptación con la ley del uno vigente en todo el sistema de la naturaleza. Por fuerza de esa ley, se ha sellado en nosotros desde un principio el mecanismo del egoísmo, el deseo de recibir todo para nosotros mismos, y tiene el poder también de conducirnos hacia la próxima etapa de nuestra evolución.

Tal evolución cualitativa nos otorgará herramientas de un nivel completamente diferente, para considerar las relaciones, los órdenes sociales, los modelos económicos, las formas de gobierno y relaciones internacionales. Albert Einstein dijo que es imposible solucionar problemas mediante la misma forma de pensar que usamos cuando los creamos. Los nuevos modos de conexión que se crearán entre las personas con una consciencia avanzada, producirán el nacimiento de nuevas ideas y la formación de un nuevo orden social.

En una fase avanzada del proceso, se desarrollará en la persona la capacidad de estabilizar sentimientos e impulsos negativos que se despiertan en uno al entrar en contacto con alguien que es diferente a uno, con una persona que no piensa como uno. Paulatinamente se esclarecerá también cómo usar debidamente las diferencias entre las personas y los distintos sectores -las diferentes y supuestamente opuestas opiniones-, como una palanca que permitirá avanzar hacia una sociedad cuyos distintos componentes la enriquecen y no producen colisiones destructivas en su interior.

El desarrollo del método de conexión tiene que empezar precisamente en Israel, porque este método se halla en él, al igual que todo la infraestructura necesaria para su implementación. Si los judíos vuelven a aprender a conectarse por medio del método que comenzó a desarrollar Abraham, y exigen una nueva naturaleza de amor y entrega, entonces, dentro de la aspiración de unión entre ellos, se revelará nuevamente la fuerza del uno.

De este modo, Israel se convertirá en un primer modelo de implementación del nuevo orden social entre los hombres.

El cambio de dirección en el Estado de Israel, provocará una gran influencia y la réplica de dicha forma de vida avanzada en todo el mundo.

Así, gradualmente, se desarrollará el mundo en un estado en el cual los principios de la conexión y el amor al prójimo serán como una bóveda unificadora para todas las culturas y todos los pueblos. Este es el único cambio que se necesita. Además, cada persona y cada pueblo mantendrán su carácter, su cultura y sus costumbres. Los judíos, los no judíos, los hijos de todas las razas y todos los pueblos, todos se sentirán conectados.

La paz en el mundo

Interiormente todos ansían sentir esa red de seguridad que los abarca, esa sensación de que nadie debe luchar por su puesto. Nadie quiere vivir una vida llena de preocupación y angustia existencial. La sociedad humana ha vivido demasiado tiempo en un estado de soledad y aislamiento, mientras que cada individuo se preocupa sólo por sí mismo y lucha por su sustento y su vida.

Si observamos los ojos del pueblo de Israel, veremos ojos cansados por la falta de sueño. Desde que ha regresado a la tierra de Israel, este pueblo no ha tenido una sola noche de calma, siempre alerta, aguardando al próximo ataque que puede llegar de cualquier lado y cobrarle lo mejor de sus hijos.

Y si no basta con los enemigos exteriores, en los últimos años han aumentado los enemigos internos. ¿Por qué? Porque ha llegado la hora de implementar la conexión y la paz en el mundo.

La actitud del mundo hacia los judíos depende únicamente de los actos de los judíos mismos. Se dice en las fuentes que "no hay desgracia que llegue al mundo que no sea para Israel". Esto lo explica Rabí Kook: "cualquier escándalo mundial… llega principalmente para Israel", es por eso que "ahora se nos invoca para una gran tarea… cumplirla con voluntad y razón, constituirnos a nosotros mismos y al devastado mundo junto con nosotros".

Todas las partes de la humanidad están interconectadas en una gran red. Debido a esto, mientras Israel siga estando dividido y en conflicto desde adentro, su influencia sobre esa red es negativa. De aquí resultan todas las colisiones entre las personas, entre países y potencias, de ahí nacen los extremismos, la violencia y el odio.

La calidad de la relación entre los miembros de la nación israelí es la causa que inclina la balanza dentro del sistema de relación general, hacia una conexión positiva o negativa entre todos.

Cuando Israel implemente el método de conexión en su interior, esto influirá positivamente al sistema de relación general. Por eso se dice que el pueblo de Israel debe servir de luz para las naciones. El significado es que la creación de relaciones de conexión y amor dentro del pueblo de Israel, activa la fuerza capaz de equilibrar y corregir el sistema de conexión humana.

Dentro de la sensación de unidad que se expandirá desde Israel al mundo, cesarán el antisemitismo, la violencia, los atentados y las guerras. "Cuando hay en Israel amor y unidad y amistad entre ellos, no hay lugar para que le ocurran desgracias".

La paz entre los judíos proyectará sobre el proceso de paz general en el Medio Oriente y en el mundo entero. "La paz nacional, sólo al realizarse debidamente según los métodos dignos del espíritu de nuestro pueblo, volverá a ser el motivador de la gigante rueda general de la paz humana". Al final será posible llevar a cabo el ideal de la paz mundial, al cual se aspira a lo largo de la historia.

"Cuando se levante Israel, en base a su virtud real interior... para dar al mundo entero la forma nueva y corregida", dijo Rav Kook, "entonces no sólo que Israel se elevará, sino también el mundo entero... y entonces comenzará una era nueva en la que no habrá mezcla alguna de la infección del mal y nadie se levantará en su contra. La ira y la tristeza no podrán dominarle y no le ocuparán preocupaciones por la estabilidad del mundo. Entonces se anulará la fuerza del brazo y la espada perderá su principal importancia y se convertirá en algo despreciado completamente".

Jerusalén volverá a su apogeo cuando se denomine como la capital del amor en el mundo. La humanidad entera, incluyendo a los judíos, comprenderá qué representa realmente esta ciudad capital. Los profetas dijeron: "Mi casa se llamará casa de oración para todos los pueblos... y todos, desde el más pequeño al más grande, me conocerán". Jerusalén será el origen del bien para toda la humanidad y como resultado vendrán todos a apoyar a Israel. Entonces se aclarará por qué los ojos del mundo siempre se alzaron hacia Jerusalén.

◆

Y mientras tanto, hasta que comencemos a movernos hacia la realización de estos maravillosos principios en la sociedad, por ahora sólo esa pegatina en los coches que reza: "ama a tu prójimo como a ti mismo", habla sobre el destino eterno al que nos conducen las ruedas de la historia.

"Mientras no elevemos nuestro propósito del nivel de la vida material, no alcanzaremos el renacimiento material... porque somos dueños de la idea".

Baal HaSulam / Artículo 'Exilio y redención'

"Retírense de todos los asuntos imaginarios y dirijan su atención para pensar e idear tácticas apropiadas para conectar sus corazones como uno verdaderamente, por lo que las palabras: "Ama a tu prójimo como a ti mismo" realmente se hagan realidad en ustedes... de ello pende nuestro derecho de existencia y en esto se mide nuestro aproximado éxito"

Baal HaSulam / Carta 47

Epílogo

Las relaciones interesantes crearon monstruos en la imagen de la atropelladora competencia, el cerdo capitalista, la corrupción sistemática, la religión extremista, el terror fundamentalista; y sembraron odio a granel en todos los sistemas de la vida que nos circundan.

Dentro de todo esto hay factores, principalmente algunos que se encuentran a la cabeza de la pirámide social, que no tienen la voluntad de tomar parte del proceso de cambio porque éste ya no sirve a sus intereses y preferirán mantener el estado existente, pues supuestamente tienen más para perder.

Pero quien tenga algo de lógica y pueda ver la imagen total y entender que la tendencia en todas partes nos está llevando al precipicio, comprenderá que precisamente aquellos que tienen grandes intereses deberían aspirar a promover el cambio necesario. Después de todo, ellos precisamente, quienes acumularon tanto, son los que tienen más para perder.

Yo sé que cuando observamos la situación del mundo, por un lado, y el estado de nuestro pueblo por otro lado, quizás nos veamos más divididos que nunca. Entonces se despierta la pregunta más natural: ¿por dónde comenzamos?; ¿es posible llegar a la unión de un estado tan dividido como éste? Por lo tanto es importante decir que justamente este estado que parece una crisis social tan profunda, es el mejor punto de partida para el cambio y el desarrollo positivo.

En el pueblo de Israel existen todos los componentes y las oposiciones interiores necesarias para implementar la compleción mutua. Esa es la exclusividad del pueblo judío.

Hay en nosotros un fuerte odio pero también una calidez humana muy intensa y podemos ser muy enajenados como abrazar mucho. No permitan que el hecho de que todo parece ahora roto y sin esperanza los asuste, sino por el contrario. La compleción real se realiza entre oposiciones, por encima del odio, por encima de la división. De hecho, hasta que no se manifestó en estos días la profundidad máxima de la división y la brecha, fue imposible comenzar a dedicarnos a la compleción. Este estado nos muestra que la sociedad está lista para comenzar el proceso.

El cambio empieza en la concientización, en la comprensión de la "narrativa judía" y su lugar en el rompecabezas humano. Es la primera fase; señalar la meta y la dirección correcta hacia el cambio es una parte muy significativa, de la cual ya comienza a trazarse el proceso del cual también se formarán en adelante las nuevas estructuras.

Además, cuando se cree en nosotros el deseo por un cambio positivo, podremos aprender de la Sabiduría de la Cabalá cómo traer a nuestras vidas la fuerza del uno que tiene la capacidad de conectar entre contrastes, unir opuestos, formar lazos de conexión por encima de la división y acercarnos por encima de la distancia.

¿Tendremos la capacidad para lograrlo? **La elección está en nuestras manos.**

Apéndices

¿QUIÉN ERES, PUEBLO DE ISRAEL?

Publicado en The New York Times el 20.9.2014
Distribuido en Israel y en las colectividades judías del mundo

Una y otra vez experimentamos la presión y la amenaza que despiertan en nosotros la angustia, la impotencia y el despropósito. Yo hablo desde mi pueblo y me pregunto, ¿cuál es la razón de este proceso incesante por el que, nosotros, los judíos, como pueblo de Israel, sufrimos? ¿Por qué no tiene fin este asunto, y vuelve a repetirse en cada generación? Del modo como han sufrido nuestros abuelos y padres del trato de odio durante la Segunda Guerra Mundial, así estamos ante un trato similar de parte del mundo entero. Hay quien piensa que todo pasó y que nuestros tiempos no son como antes, que no es posible que en el mundo de hoy sucedan atrocidades y relaciones entre los hombres tal como sucedió en tiempos pasados y en la era de los nazis, más vemos con qué facilidad la humanidad regresa al mismo estado; sólo nosotros estamos en la mira. La angustia que estamos sufriendo hoy en Israel dado el estado de seguridad que nos amenaza todo el tiempo, la angustia que siente cada judío en el mundo, es la que me lleva a escribir este folleto, en el cual traté de responder a preguntas que se formulan el pueblo de Israel y todos los judíos del mundo, y presentar la solución que debemos cumplir. Traté de ser conciso y abreviar lo más que pude, porque sé bien que nuestra generación tiene poca paciencia. Tengo la esperanza de que este folleto ayude a quien lo lea. Si lo desea, puede recibir una explicación más amplia al respecto en el sitio "Cabalá Bnei Baruj" www.kab.co.il o en español www.kabbalah.info/es/

Con amor hacia ustedes,
Rav Dr. Michael Laitman

NOSOTROS HOY

La humanidad se encuentra hoy en una encrucijada crucial. Por una parte todos dependen unos de otros, como en una sola aldea global, y por otro lado, no queremos convivir juntos. Este es un estado inestable, que no puede continuar mucho tiempo más, y la humanidad debe tomar una decisión sobre cómo avanzar a partir de ahora. Para lograr una decisión correcta y también para comprender cómo nosotros, el pueblo de Israel, estamos conectados a toda esta historia, debemos investigar un estado similar que ocurrió en Babilonia hace unos 4,000 años.

¿CUÁL ES NUESTRO ORIGEN?

Es sabido que el pueblo de Israel proviene de la antigua Babilonia. Hace 4,000 años existía allí una gran civilización en la que sus componentes se sentían unidos entre sí, compartían un destino común, "Tenía entonces toda la tierra una sola lengua y unas mismas palabras". Sólo que a la par del crecimiento de la conexión entre los babilonios, creció también el ego de cada uno de ellos, es decir, comenzaron a buscar cómo aprovecharse uno del otro, y llegaron a odiarse. Los babilonios se sentían interconectados, pero al mismo tiempo, la naturaleza egoísta de cada uno de ellos obraba en dirección contraria y los alejaba unos de otros. Ellos se sentían como entre pinzas, y no sabían qué hacer. Así comenzaron a buscar solución a su problema.

DOS MODOS DE SOLUCIONAR LA CRISIS

La búsqueda tras la solución para su situación los llevó a consolidar dos razonamientos opuestos. Uno, "el método de Nimrod", gobernador de Babilonia en aquellos tiempos, y el segundo, "el método de Abraham", un célebre sabio babilónico. "Hasta los días de Nimrod, todas las personas eran iguales y nadie se propuso dominar a su prójimo, fuera de Nimrod que creció y comenzó a gobernar la tierra".

Nimrod sostenía un argumento lógico en contra del odio que se iba revelando entre los babilonios. Nimrod dijo que deberían esparcirse más allá de las fronteras de Babilonia y cuando estuviesen lo suficientemente alejados unos de otros, lograran vivir en paz unos con los otros.

¿QUIÉN ERES, PUEBLO DE ISRAEL? 83

Abraham afirmó que la distancia no resolvería el problema y explicó que según la ley de la evolución en la naturaleza, la sociedad humana debe alcanzar la unión. Abraham quiso unificar a todos los babilonios y fundar una sociedad perfecta. Pero cuando comenzó a difundir entre los babilonios su método, el método de la conexión que exige trabajar en contra del ego propio, sólo unos pocos se le unieron: "se congregaron alrededor de él miles y decenas de miles, y él sembró en sus corazones este gran principio". El resto prefirió esparcirse, según lo sugerido por Nimrod, como vecinos que no se llevan bien, y se alejan para no molestarse mutuamente. De estas personas nació, a continuación, toda la sociedad humana.

Sólo hoy, después de 4,000 años, podemos averiguar quién tenía razón, Abraham o Nimrod...

EL FUNDAMENTO DEL PUEBLO DE ISRAEL

"En aquella época, todos los humanos practicaban la idolatría, fuera de pocas personas que probaron y vieron la bondad de la luz del mundo, y el primero de ellos fue Abraham, al cual le sucedió lo que le sucedió con Nimrod hasta que tuvo que dejar su tierra e irse a otra tierra". Abraham y sus alumnos emigraron al sitio donde se encuentra la Tierra de Israel de hoy. El grupo de Abraham aspiraba estar unido, conectado, según la regla general de "Ama a tu prójimo como a ti mismo" y "Todo lo que quieres que hagan para ti los demás, hazlo tú para con tu prójimo". Abraham y sus discípulos invirtieron esfuerzos para unirse, a pesar del ego que seguía creciendo en su interior y los separaba constantemente. En la conexión entre ellos descubrieron la fuerza de la unión, por encima del ego, asombrados con el descubrimiento de un nuevo fenómeno, la fuerza de la unión, la fuerza oculta de la naturaleza.

Tal como explica la ciencia, toda materia en la realidad está compuesta de dos fuerzas opuestas, conexión y desconexión, que se encuentran entre ellas en equilibrio. De hecho, también el hombre y también la sociedad humana evolucionan únicamente gracias a la fuerza negativa, la fuerza del ego. Según el plan de la naturaleza, debemos complementar de forma consciente la fuerza negativa -el ego que prevalece entre nosotros, mediante la fuerza positiva- la fuerza de la conexión. Sólo que la fuerza de la conexión no existe en nosotros; está en el interior de la naturaleza, y debemos descubrirla mediante la formación de relaciones positivas entre nosotros. La complementación de la fuerza del ego con la ayuda de la fuerza de la conexión, llevó a Abraham y sus alumnos a la revelación de la sabiduría del equilibrio. Ellos llamaron a este método "Sabiduría de la Cabalá".

LA SABIDURÍA DE ABRAHAM; LA SABIDURÍA DE LA CABALÁ

La sabiduría que explica cómo revelar la fuerza positiva en la naturaleza y cómo equilibrar nuestro ego a través de ella, se llama "la Sabiduría de la Cabalá".

La Sabiduría de la Cabalá enseña que en el plan de la naturaleza ya está definido el proceso, que en su fin, todas las partes de la naturaleza, incluyendo la sociedad humana, llegarán a la unión.

ISRAEL = YASHAR-EL

Los alumnos de Abraham se hacían llamar Israel, "Yashar-El" (dirigidos hacia Dios), por su deseo de revelar a "EL" (Dios), la fuerza de unión en la naturaleza, para equilibrar el ego entre ellos. En la conexión entre ellos, se vieron a sí mismos dentro de la fuerza de la unión, en la fuerza superior. También descubrieron que en el proceso histórico de la evolución, el resto de los habitantes de Babilonia, ya esparcidos por el mundo, según el método de Nimrod, los cuales se convirtieron en lo que es la humanidad de hoy día, deberán también ellos alcanzar la conexión. Como resultado de esto, hasta el día de hoy se siente la oposición existente entre Israel, que se creó de la conexión, y el resto de la humanidad, que se creó de la desconexión.

EL EXILIO

Después de que el grupo de alumnos de Abraham, el pueblo de Israel, dejara Babilonia, vivieron en unión durante casi 2,000 años. Todos estos años, la unión fue un valor supremo en el pueblo. Todas las diferencias que surgieron entre ellos, fueron con una sola meta: reforzar el amor entre ellos. Pero entonces, súbitamente irrumpió el ego entre ellos que condujo al odio vano. A pesar de los esfuerzos de mantener la conexión, los alumnos de Abraham no lograron mantener la unión. La actitud egoísta entre ellos se convirtió en la causa del "exilio"; exilio de la unión.

Dado el distanciamiento que se creó entre ellos, hace 2,000 años, el pueblo de Israel se esparció entre las naciones del mundo. A causa de la desconexión entre ellos, la Sabiduría de la Cabalá se ocultó y se convirtió en herencia de unos pocos individuos, los cabalistas que vivieron en cada generación.

DE REGRESO A NUESTROS DÍAS

Hoy, la humanidad entra nuevamente a un estado similar a aquel que existió en la antigua Babilonia; un estado en el que todos estamos interconectados, por una parte, y por la otra, odiándonos mutuamente. Puesto a que dependemos completamente uno del otro, "todo el mundo se considera apenas un sólo público y una sola sociedad", como una sola aldea global, para llevar a la humanidad entera a la armonía, no podremos alejarnos unos de otros, o sea, cumplir el método de Nimrod.

Para alcanzar el equilibrio, debemos usar el método de Abraham. Por eso, el pueblo de Israel debe conducir el proceso de corrección de la sociedad humana. Si nosotros, el pueblo de Israel, no lo hacemos por nosotros mismos, las naciones del mundo nos empujarán a hacerlo por la fuerza. Porque "el judío es símbolo de la eternidad, al que persecuciones y masacres durante miles de años no han logrado destruir, al que el fuego o la espada o la inquisición no han logrado borrar de la faz de la tierra. Él, quien fue el primero en llevar la palabra de Dios al mundo. Él, que estuvo durante mucho tiempo manteniendo la profecía y la entregó al resto del mundo. Un pueblo así no puede ser destruido. El judío es eterno como la eternidad misma".

LAS RAÍCES DEL ANTISEMITISMO

En nuestros días, después de miles de años de esfuerzo por construir una sociedad humana exitosa, según el método de Nimrod, las naciones del mundo se encuentran en la desesperanza. Ven que la solución no se encuentra en el desarrollo tecnológico, en la economía o en la fuerza militar. Inconscientemente, sienten que la solución está en la conexión, y que el método de conexión se encuentra en el pueblo de Israel. De esta forma, reconocen su dependencia de los judíos.

El pueblo de Israel se convirtió en culpable a sus ojos, por tener la llave a la felicidad del mundo entero. A partir del momento en el que el pueblo de Israel cayó de su altura moral de amor al prójimo, se creó el odio por Israel en las naciones del mundo. "Los judíos son la raza que se mantuvo en vitalidad y potencia, cuidando esas leyes naturales cuya infracción provocó la degeneración de tantas otras naciones. Es una raza que hoy se encuentra frente a nosotros como símbolo de la antigüedad, a la cual llega toda nuestra riqueza espiritual".

Mediante la actitud antisemita, las naciones del mundo empujan a los judíos a revelar el método de la conexión, a todos. "Amalequitas, Hitler, etc., nos despiertan a la redención". Pero el pueblo de Israel no es consciente de tener en sus manos la llave para la felicidad del mundo. Y precisamente esto es el origen del antisemitismo, el hecho de que los judíos carguen consigo el método de la conexión, la llave a la felicidad, la Sabiduría de la Cabalá.

LA OBLIGACIÓN DE REVELAR LA SABIDURÍA DE LA CABALÁ

Hoy en día, el mundo se encuentra bajo la influencia de dos fuerzas opuestas, la fuerza de la conexión global y la fuerza del ego separatista, así como sucedió en la antigua Babilonia. Pero hoy no contamos con la posibilidad de alejarnos unos de otros para calmar nuestro ego, y no nos queda más que ocuparnos de la conexión entre nosotros, agregar a nuestro mundo la fuerza positiva que equilibra la fuerza negativa de nuestro ego. El pueblo de Israel, descendientes de aquellos babilonios que siguieron a Abraham, debe implementar la sabiduría de la conexión, la Sabiduría de la Cabalá, y ser ejemplo para toda la humanidad, ser "Luz de las naciones".

LA LLAVE A LA FELICIDAD

Según las leyes naturales, todos debemos, necesariamente, alcanzar la unidad y sólo existen dos caminos que conducen a este buen fin: un camino de sufrimientos (guerras mundiales, catástrofes naturales, epidemias y tragedias) o el camino del equilibrio del ego de forma consciente, un camino que implementó en su momento Abraham junto con sus alumnos. Este camino de evolución consciente, es el que les ofrecemos.

ORGANIZACIÓN "CABALÁ BNEI BARUJ"

Sabemos que triunfaremos sólo mediante el amor, porque "el amor está por encima de todo" y porque "ama a tu prójimo como a ti mismo, es la gran regla de la Torá" y es la esencia del cambio que la Sabiduría de la Cabalá ofrece a la humanidad. Como resultado de la conexión correcta entre nosotros, la fuerza positiva se revela y todos los problemas desaparecen

"Está escrito en el Zóhar, que en esta conexión salieron los israelitas del exilio, y también aparece en muchos sitios, que solamente con la expansión de la Sabiduría de la Cabalá en el pueblo, alcanzaremos la redención completa".

Nuestra organización, "Cabalá Bnei Baruj", tiene como meta continuar el camino de los grandes cabalistas y revelar el método de la conexión al mundo entero. Tenemos sucursales en 64 países, en las que estudian más de dos millones de personas cuya única esperanza es alcanzar la unión del pueblo por el camino positivo.

¡Conectémonos todos según el principio de "Todo Israel está unido", hagamos el cambio y llegaremos al estado favorable pronto, en nuestros días!

PERIÓDICO LA NACIÓN
(Ha Umá)

Rabí Yehuda Ashlag, Baal HaSulam, 1940

Este periódico, La Nación, es una nueva creación que aparece en las calles judías: un periódico "multipartidista". Y preguntarán ustedes, ¿qué quiere decir un periódico multipartidista?, ¿cómo es posible que un periódico pueda servir a todos los partidos en conjunto, a pesar de la oposición y los contrastes que existen entre ellos?

Ciertamente, es una creación que nació en medio de dificultades, tras duros y terribles dolores de parto, entre el veneno del odio que se instauró en las naciones para borrarnos de la faz de la Tierra, la destrucción de millones de nuestros hermanos; y aún se encuentran preparados para continuar. Su sádica inclinación no está satisfecha y la calamidad se duplica, pues no podemos engañarnos pensando que todo esto es tan sólo un fenómeno pasajero, transitorio, como todas nuestras experiencias pasadas en la historia, que si una nación nos expulsaba, encontrábamos otra como sustituta.

Sin embargo ahora las cosas son muy distintas. No solamente nos atacan al mismo tiempo por todos lados, sino que hasta las naciones más poderosas nos cierran las puertas sin miramientos, ni sentimientos de compasión o misericordia y de una manera tan despiadada, sin precedentes en toda la historia de la humanidad, ni siquiera en las épocas de mayor barbarie.

Está claro, a menos que confiemos en los milagros, que nuestra existencia como individuos o como nación pende entre la vida y la muerte. Y la salvación es, si logramos dar con la táctica requerida, esa gran maniobra que se encuentra sólo cerca del peligro, y que puede inclinar la balanza a favor nuestro: darnos refugio seguro aquí a todos los hermanos de la Diáspora, y que a decir de todos es, en el presente, el único sitio a salvo.

Entonces, el camino hacia la vida, se nos abrirá para de alguna forma continuar con nuestra existencia a pesar de las dificultades. Y si no aprovechamos la oportunidad y no nos alzamos como uno solo, con el gran esfuerzo que se requiere en tiempos de peligro, para garantizar nuestra permanencia en la tierra, entonces los hechos ante nosotros se revelan muy amenazadores, pues las cosas evolucionan favorablemente para nuestros enemigos, que desean eliminarnos de la faz de la Tierra.

Está claro que se requiere un esfuerzo enorme, una unidad sólida como el acero en todas partes de la nación, sin excepción. Si no salimos como sólidas tropas hacia las fuerzas poderosas que se interponen en nuestro camino para herirnos, descubriremos que nuestra esperanza está perdida de antemano.

Y a pesar de todo eso, cada persona y partido se sientan y meticulosamente protegen sus posesiones sin concesión alguna. Y bajo ninguna circunstancia pueden, o para decirlo correctamente, alcanzarán la unidad nacional, tal y como exige de todos nosotros esta peligrosa época. Por consiguiente, estamos inmersos en la indiferencia como si nada hubiera sucedido.

Intenten imaginar si alguna nación nos mostrara la puerta, como ocurre con tanta frecuencia en estos días. Es seguro que ninguno de nosotros pensaría sobre nuestras preferencias partidistas, pues los problemas nos integrarían dentro de una sola colectividad, ya fuera para defendernos o para empacar y huir, por mar o por tierra. Si hubiéramos sentido que el peligro era real, sin duda estaríamos unidos correctamente y sin ninguna dificultad.

Bajo estas circunstancias, un pequeño grupo de nosotros, de todos los estratos, se reunió; personas que sienten el espantoso látigo sobre sus espaldas, como si ya se hubiera materializado. Ellos han asumido la responsabilidad de publicar este periódico, del cual piensan que será una vía fidedigna de transmisión de sus sensaciones a toda la nación, a todas sus comunidades y facciones, sin excluir a ninguna. Al hacerlo, los contrastes y el partidismo intolerante quedarían anulados. O mejor dicho, se silenciarían y darían paso a lo que los precede, pudiendo todos unirnos en un sólo cuerpo, firme y capaz de protegerse en estos momentos cruciales.

Y aunque este peligro es conocido por todos, por nosotros también, tal vez no ha evolucionado lo suficiente en el gran público, en su dimensión real. Si ellos lo hubieran percibido ya, desde hace mucho tiempo se hubieran sacudido el polvo del partidismo que está obstruyendo la unidad de nuestras filas. Si esto no es así, es tan sólo porque esta sensación aún no es compartida por muchos.

Por consiguiente, hemos tomado la decisión de publicar este periódico para montar guardia y prevenir sobre el problema explicándolo al público hasta que todos los elementos separatistas sean silenciados y podamos enfrentarnos a nuestro enemigo cerrando filas y dándoles cumplida respuesta.

Asimismo, estamos seguros de que Israel no está solo, y entre nosotros hay quienes buscan los corazones y pueden proporcionar un plan efectivo que unirá a todas las facciones en la nación. Y por experiencia nos hemos dado cuenta de que precisamente esas personas se sientan en una esquina sin que nadie las escuche. En este periódico, estamos dispuestos a abrir un espacio a todo aquel que aporte una solución segura que consiga unir a la nación, para darle publicidad y que resuene entre el público.

Además de todo lo anterior, al publicar este periódico, aspiramos a defender nuestra antigua cultura milenaria, existente desde antes de la ruina de nuestro país. Deseamos revelarla y limpiarla de todo escombro acumulado sobre ella durante los años de nuestro exilio entre las naciones, para que se reconozca la naturaleza judía en su pureza tal y como era en aquel entonces. Esto nos proporcionaría la más grande de las recompensas, pues podríamos encontrar la forma de conectar nuestra situación de Diáspora con esos tiempos de gloria y redimirnos del sentimiento de estar alimentándonos de viñedos que no hemos plantado.

El individuo y la nación

El ser humano es un ser social. Nuestras necesidades básicas no pueden cubrirse sin la participación de los demás. De ahí que nuestra asociación con otros se haga necesaria para nuestra existencia. Este no es el marco para estudiar la formación de las naciones. Resulta suficiente estudiar la realidad tal y como se presenta ante nuestros ojos.

Es un hecho que el individuo no posee recursos para cubrir él sólo sus propias necesidades. Necesitamos de una vida social. De ahí que los individuos se vieran obligados a juntarse en una unidad denominada "nación" o "estado", en donde cada uno lleva a cabo su ocupación; algunos en la agricultura, otros como artesanos. Y conectan a través del intercambio de sus productos. Así se originaron las naciones, cada una con su propia naturaleza, tanto a nivel material como cultural.

Al observar estas manifestaciones de vida, comprobamos que el desarrollo de una nación es muy similar al de un individuo. La función de cada una de las naciones es como la que llevan a cabo los órganos que componen un cuerpo. Debe darse una armonía entre cada una de las partes de ese organismo: los ojos deben ver, y el cerebro, con su ayuda, pensar y consultar, entonces las manos podrán trabajar o luchar y las piernas caminar. Así, cada uno permanece en su puesto en espera de llevar a cabo su función. Del mismo modo, los órganos que componen el cuerpo de las naciones, los abogados, los patrones, los asalariados, los distribuidores, etc. deberían funcionar armoniosamente entre ellos. Esto es necesario para el desarrollo de una vida normal en la nación y para su segura existencia.

Al igual que la muerte sobreviene al individuo cuando desaparece la armonía entre sus órganos, la decadencia natural de una nación viene causada por una obstrucción que acontece entre sus órganos, tal y como nuestros sabios atestiguaron (Tosfot, Baba, Metzia, capítulo 2) Jerusalén fue destruida sólo por culpa del odio sin razón. En aquel tiempo, la nación sufrió corrupción y murió, y sus órganos fueron esparcidos en todas direcciones.

Por tanto, es una condición obligatoria para cada nación el estar fuertemente unida, y que todos los individuos que la componen sientan el vínculo del amor instintivo entre ellos. Es más, cada individuo debería sentir su felicidad personal en la felicidad de la nación, y su decadencia en la decadencia de la nación. Uno debería estar dispuesto a darlo todo por su nación en tiempos de necesidad. De lo contrario, su derecho a existir como nación en el mundo está abocado al fracaso desde el principio.

Esto no quiere decir que todos los miembros de la nación sin excepción deban ser así. Lo que esto significa es que la gente de esa nación, que sienten esa armonía, son los que conforman la nación; y tanto la cantidad de felicidad de la nación como su derecho a existir, se miden por esa cualidad. Cuando se ha llegado a un número suficiente de individuos como para que la nación cobre existencia, puede darse una cierta cantidad de miembros desprendidos que no se encuentren conectados al cuerpo de la nación en la medida anteriormente mencionada, pues los cimientos ya se encuentran asegurados sin necesidad de contar con dichos miembros.

De ahí, que en tiempos pasados era imposible encontrar una agrupación o una sociedad sin parentesco entre sus miembros. Esto se debe a que este amor primitivo, necesario para la existencia de la sociedad, se da únicamente en familias con descendientes que tienen un padre común.

Sin embargo, a medida que las generaciones fueron evolucionando, aparecieron sociedades conectadas bajo el término "estado", es decir, sin la existencia de parentesco o vínculos raciales. La conexión del individuo con el estado ya no consiste en una de tipo natural y primitivo, sino que nace de una necesidad común en la que cada individuo se une a la totalidad en un mismo cuerpo: el Estado. Y ese Estado, con todo su poder, protege el cuerpo y las posesiones de cada individuo.

De hecho, esa transición en la que las generaciones fueron pasando de la nación natural a la artificial, de los vínculos originados por el amor primitivo a vínculos que tiene su origen en una necesidad común, no comporta ninguna de las condiciones necesarias dentro de un estado natural, racial. La norma se basa en que, así como todo individuo sano tiene un control completo sobre sus propios órganos en base al amor, dado que dichos organismos obedecen con gusto y sin ningún miedo a represalias, el Estado debería dominar por completo a todos los individuos que lo componen en relación a sus necesidades generales, basadas en el amor y la devoción instintiva de los individuos hacia el colectivo. Esta es la fuerza más conveniente, válida para movilizar a todos los individuos hacia las necesidades públicas.

Sin embargo, una dominación basada en la coerción y el castigo resulta ser una fuerza demasiado débil como para movilizar a los individuos en la medida necesaria cuando se trate de salvaguardar las necesidades de la comunidad. Ésta, a su vez, resultará debilitada y no podrá llevar a cabo su cometido de salvaguardar y proteger la integridad física y las posesiones del individuo.

Y no nos referimos a la forma de gobierno: autocrático, democrático o colectivo; éstos no cambian la esencia del establecimiento de la fuerza de cohesión social. No puede quedar establecida, y mucho menos puede perdurar, si no es a través del amor social.

Llena de vergüenza admitir que uno de los méritos más preciados que hemos perdido durante el exilio, el más importante de todos, es la pérdida de conciencia de la nacionalidad, el sentimiento natural que conecta y mantiene a todas y cada una de las naciones. Los hilos de amor que conectan a la nación, tan naturales y ancestrales en todas las naciones, se han corrompido y desprendido de nuestros corazones: han desaparecido.

Y lo que resulta aún peor es que lo poco que hemos conservado del amor nacional no se encuentra inculcado en nosotros de manera natural, como ocurre con las otras naciones. Más bien al contrario, se encuentra en nosotros basado en algo negativo: el sufrimiento común. Cada uno de nosotros sufre el hecho de ser un hijo de la nación, lo cual nos infunde una conciencia nacional y de proximidad. Somos compañeros de sufrimientos.

Se trata de una causa externa. Mientras que esta causa externa se unía y mezclaba con nuestra consciencia nacional, surgió un extraño tipo de amor nacional que desató esta mezcla innatural e incomprensible.

Y lo más importante es que resulta totalmente inadecuado para esta empresa. Su calidez únicamente sirve para generar un entusiasmo pasajero, carente del poder y la fuerza con la que podemos erigirnos en una nación que actúe. Esto es así porque una unión que viene dada por una causa externa no puede ser considerada una unión nacional.

En ese sentido, es como si fuéramos un montón de nueces, unidas en un solo cuerpo, pero de manera externa, gracias a la bolsa que las envuelve y las conglomera. Su medida de unidad no las convierte en un cuerpo cohesionado, y cada movimiento efectuado en la bolsa produce en ellas tumulto y separación. Así, forman constantemente nuevas uniones y agrupaciones incompletas. Y todo porque carecen de unidad interna, toda su fuerza proviene de un incidente externo. A nosotros, esto nos resulta extremadamente doloroso.

De hecho, la llama del espíritu de nación hubo un tiempo que se encontró dentro de nosotros en toda su extensión, pero se ha debilitado y ahora está inactiva. Asimismo ha sido enormemente dañada por la mezcla que ha recibido proveniente del exterior, tal y como hemos mencionado. Sin embargo, esto no nos enriquece y la realidad es muy amarga.

La única esperanza es que establezcamos una educación totalmente nueva a nivel nacional, para ser así capaces de descubrir y de impulsar de nuevo este amor natural a la nación que se ha apagado en nosotros, dar un nuevo brío a esos músculos nacionales que durante dos mil años han estado inactivos en nosotros, empleando todos los medios a nuestro alcance con este objetivo en mente. Entonces descubriremos que tenemos una base natural a la par que consistente para reconstruir y perpetuar nuestra existencia como nación, calificada para comportarse como todas las naciones en el mundo.

Hay una condición previa a cada empresa y cada acto. Porque en los comienzos, la base debe construirse con suficiente firmeza de modo que pueda sostener aquello que debe sustentar. Y es entonces cuando la construcción del edificio comienza. Ay de aquellos que edifican sin una base lo suficientemente sólida. No sólo no están construyendo nada, sino que, además, están poniendo en peligro su vida y la de aquellos que les rodean, pues el edificio caerá a la más mínima sacudida y sus partes irán despedidas en todas direcciones.

En este punto debo hacer hincapié en la ya mencionada educación nacional: aunque intente inculcar una gran cantidad de estima entre los individuos de la nación en particular y por toda la nación en general, en la mayor medida posible, en absoluto se trata de algo comparable al nacionalismo o al fascismo. Éstos son execrables a nuestros ojos, y mi conciencia está completamente libre de ellos. A pesar de la aparente similitud de las palabras en su superficialidad -pues el nacionalismo no es más que un amor excesivo a la nación- se encuentran muy alejadas en su esencia, tanto como lo blanco de lo negro.

Para poder percibir fácilmente la diferencia entre ellos debemos compararlos con las medidas de egoísmo y altruismo en el individuo. Como hemos dicho, el proceso de la nación es muy similar al proceso del individuo en todos los detalles particulares de cada uno. Esta es una clave a modo general con la que entender todas las leyes nacionales sin miedo a desviarnos, lo más mínimo, ni a la derecha ni a la izquierda.

Claramente, la medida del egoísmo inherente a cada criatura es una condición necesaria para la propia existencia de la misma. Sin ello, no podría ser un individuo diferenciado e independiente. Sin embargo, esto no debería anular la medida de altruismo en la persona. Únicamente es preciso establecer distintas divisiones entre ellos: la ley del egoísmo debe permanecer en toda su extensión pero en la medida que vaya dirigida a la existencia básica. Y todo lo que sobrepase esa cantidad, debe ir dirigido al bienestar del prójimo.

Obviamente, todo aquel que actúe de esa manera debe ser considerado extremadamente altruista. Sin embargo, aquellos que renuncian a esa mínima parte que les corresponde en beneficio de los demás, poniendo en riesgo sus propias vidas, es considerado algo absolutamente antinatural y no tiene razón de ser, salvo una vez en la vida.

El egoísta en exceso, que no posee ningún tipo de consideración por los demás, es abominable a nuestros ojos. Y esta es la sustancia de la que están hechos los ladrones, asesinos y todos aquellos de baja procedencia. Ocurre algo parecido con el egoísmo y el altruismo nacional: el amor a la nación, debe estar presente en todos los individuos de la nación en una medida similar a la de ese egoísmo individual de las necesidades personales, en la justa cantidad para poder perpetuar la existencia de la nación como tal. Y el excedente de esa mínima medida puede dirigirse al bienestar de la humanidad, de toda ella, sin hacer distinciones entre pueblos y razas.

Por el contrario, sentimos un profundo rechazo por el egoísmo nacional desmedido que se da en las naciones que no sienten ninguna consideración por el bienestar de otros, aquellos que roban y asesinan a otras naciones buscando su satisfacción, algo que llamamos "nacionalismo". Así, aquellos que se alejan por completo del nacionalismo y se convierten al cosmopolitismo alegando motivos humanos y altruistas, están equivocándose esencialmente. Y todo ello porque el sentimiento nacional y el humanismo no son términos contradictorios.

Es por tanto evidente que el amor a la nación constituye la base de la misma, del mismo modo que el egoísmo es la base para todos los seres vivientes que existen de manera independiente. Sin él, no sería posible existir en el mundo. Análogamente, el amor nacional en los individuos de la nación es la base para la independencia de cada nación. Esta es la única razón por la que ésta continua existiendo o deja de hacerlo.

Es por ello que éste debería ser el principal interés a la hora del renacimiento de la nación. Este amor no se encuentra actualmente presente en nosotros, pues lo hemos perdido en nuestro deambular entre las naciones durante estos dos mil años atrás. Aquí sólo se han congregado individuos sin ningún vínculo de auténtico amor nacional. Hay una conexión a través de una lengua común, otra a través de la tierra que habitamos, una tercera a través de una religión que compartimos y una cuarta a través de una historia en común. Todos quieren vivir de acuerdo a cómo vivían en su nación de procedencia, y no han tomado en consideración que ya existía una nación basada en unos miembros autóctonos antes de que él o ella se uniera a ellos, y en cuya fundación no tomó parte activa.

Sin embargo, cuando una persona viene a Israel, no hay órdenes preestablecidas que sirvan para que una nación funcione por sí sola, no tenemos otra sustancia nacional de cuya estructura podamos depender, algo que, por otro lado, no deseamos. Más bien debemos apoyarnos en nuestra propia estructura: ¿pero cómo hacer cuando aún no existe una conexión natural entre nosotros que nos una como nación para este propósito?

Estos vínculos inconsistentes -la lengua, la religión y la historia, que siendo valores de importancia y sin negar su relevancia nacional- se revelan totalmente insuficientes a la hora de proporcionar una base sólida que sostenga de manera independiente a la nación. Al final, lo único que tenemos es una congregación de extraños, descendientes de las culturas de setenta naciones, cada uno construyéndose una plataforma para sí mismo, un espíritu y unos gustos. Y no hay ningún aspecto esencial aquí que sirva para aglutinarnos en una sola masa.

Sé que todos nosotros únicamente tenemos una cosa en común: la huída del amargo exilio. Sin embargo, se trata sólo de una unión superficial, como la bolsa que mantiene a las nueces juntas. Por ello he defendido que necesitamos constituir un sistema educativo especial, dirigido a nosotros y que llegue a todos, inculcando en cada uno el amor a la nación, tanto de un individuo a otro como de los individuos hacia la totalidad, y así redescubrir ese amor nacional que se encuentra dentro de nosotros desde la época en que habitábamos nuestra tierra, una nación entre naciones.

Esta tarea se antepone a todas las demás porque, además de constituir la base, proporciona altura y éxito a todas las otras acciones que deseemos emprender en este sentido.

LOS GRANDES DE ISRAEL SOBRE LA UNIÓN DEL PUEBLO

"En la generación de la separación se formó un aislamiento en el género humano, y la corrección es en forma de unión y congregación de personas para el servicio del Creador, como comenzó Abraham y su descendencia, porque Abraham iba llamando el nombre del Creador hasta que se congregó a su alrededor una gran comunidad que se llamó 'La gente de la casa de Abraham' y ésta crecía y aumentaba hasta que se formó la comunidad del pueblo de Israel, en el que todos crearon una sola unidad para complacer al Creador con integridad del corazón".

Libro *Shem MiShmuel*, Parashá Aazinu

"No hubieron actos de bondad como los de Abraham ni la creación de paz entre uno y su prójimo, puesto que fue padre de muchísimas naciones, y es por eso que unifica y crea paz entre todos los creados".

El *Maharal* de Praga (Rabí Yehudá Loew), del libro *"Gevurot HaShem"*

"Y todos eran un solo pueblo en un solo corazón y una sola lengua, y se hartaron de la tierra del deleite, y se fueron a la tierra de Senear y encontraron allí una tierra amplia y grande. Rabí Akiva decía: Se quitaron de encima el reinado de los cielos y coronaron a Nimrod".

Capítulos de Rabí Eliezer

"Y ¿por qué era su nombre Nimrod (rebelde)? Porque incitó a la rebelión al mundo entero mediante su reinado".

Talmud Babilónico, *"Masejet Irubin"*

"Ama a tu prójimo como a ti mismo, es una gran regla de la Torá, para incluir en la unión y la paz, que es lo principal en la vitalidad y la existencia

LOS GRANDES DE ISRAEL SOBRE LA UNIÓN DEL PUEBLO

y la corrección de toda la creación, de modo que los humanos, que son diferentes en sus opiniones, se incluyan con amor y unión y paz".

Libro "Yalkutei Halajot", Bendiciones de Rayiá y bendiciones privadas, Halajá 4

"Aceptemos el precepto activo de "Ama a tu prójimo como a ti mismo". Y cada uno dirigirá su amor a cada uno de Israel a su manera, porque de este modo ascenderá su rezo incluido de todo Israel".

El Arí, Puerta de reencarnaciones

"El éxito de nuestra nación depende únicamente del amor de cada uno a su prójimo, conectándonos en un solo lazo como miembros de una sola familia".

Rabí Samuel David Luzzatto

"Tierra de Israel, que tiene el deseo de ir en dirección a Dios, Yashar-El, que no tiene deseos de amor propio, sino amor al prójimo".

Escritos de Rabash, Vol. 1

"Israel traen la luz al mundo".

Midrash Rabá, Cantar de los cantares, 4

"Israel, fueron creados por el Creador, como el corazón del mundo entero. Y así son Israel en medio del resto de las naciones, como el corazón en medio de los órganos, y así como los órganos no pueden existir en el mundo ni siquiera un momento sin el corazón, de ese modo los pueblos no pueden existir en el mundo sin Israel".

Libro del Zóhar, Parashat Pinjás

"Ninguna desgracia cae sobre el mundo si no es para Israel".

Talmud Babilónico, "Masejet Yabmut"

"Si no es posible tocar en un *Shofar* puro para la redención, vienen los enemigos de Israel y tocan a nuestros oídos por la redención, y nos recuerdan nuestra función. Ellos nos advierten y nos aturden los oídos y no nos permiten descanso. Los amalequitas, Hitler, etc., nos despiertan a la redención. Este nacionalismo del rebenque, del "problema de los judíos", también consiste de la redención. Los problemas alrededor nos despiertan y nos unen, sin embargo, no es este el *Shofar* que debemos bendecir".

El Rayiá, artículos de Rayiá 1

"La asamblea de Israel es la esencia de toda la existencia, y en este mundo fue otorgada esta esencia en la nación israelí, en su materialidad y espiritualidad, en su historia y su fe. Y la historia israelí es la esencia del ideal de la historia general, y no hay movimiento en el mundo, en todos los pueblos, que no lo tenga Israel. Y su fe es la esencia y el origen que otorga lo bueno y lo ideal a todas las creencias, hasta que los lleve a todos al grado del claro lenguaje, para que todos llamen al nombre del Creador".

El Rayiá, Luces, 138

"La fundación del mundo, que ahora se está derrumbando a los pies de las terribles tormentas de la sangrienta espada, exige la fundación de la nación israelí. La fundación de la nación y la revelación de su espíritu es un asunto, y está totalmente unificado con la fundación del mundo que se está derrumbando y espera la fuerza plena de unidad y superioridad, y todo esto se encuentra en el alma de la Asamblea de Israel, la cual está llena del espíritu de Dios, y es imposible que se calme el espíritu de quien siente su alma latiendo en su interior, en tan grandiosa hora, sin evocar a todas las fuerzas ocultas en la nación: despierten y cumplan su función".

El Rayiá, Luces, 9

"La nación de Israel debe preparar al mundo entero y a sí misma hasta que evolucionen al grado de aceptar este sublime servicio de amor al prójimo, que es la escalera que lleva a la meta de la creación, la cual es la adhesión al Creador".

Rabí Yehudá Ashlag, "*Baal HaSulam*", artículo "La responsabilidad mutua"

"Si nos destruimos y el mundo se destruye junto con nosotros, por el odio gratuito, volveremos a reconstruirnos y el mundo se reconstruirá con nosotros, a través del amor gratuito".

El Rayiá, Luces santas, 3

INTERIORIDAD Y EXTERIORIDAD

Rabí Yehuda Ashlag, Baal HaSulam,
Introducción al Libro del Zóhar, puntos 66-71

66) Debes saber que cada cosa tiene interioridad y exterioridad:

Y en la totalidad del mundo, Israel, la semilla de Abraham, Isaac y Yaakov, se consideran como la interioridad del mundo mientras que las naciones del mundo se consideran como la exterioridad del mundo.

Además, en las naciones del mundo existe la interioridad, que son los justos entre las naciones, y existe la exterioridad que son los más gruesos y dañinos.

Así también entre los servidores del Creador, entre los hijos de Israel, hay interioridad, que son quienes consiguen comprender el alma de la interioridad de la Torá y sus secretos, y la exterioridad, que son quienes no se dedican más que a la parte práctica de la Torá.

Así que en cada individuo de Israel existe la interioridad que es el asunto de 'Israel' en él, que es el secreto del punto en el corazón, y la exterioridad, que es el estado de las 'naciones del mundo' en él, que es el cuerpo en sí, sólo que incluso el aspecto de 'naciones del mundo' en él se consideran 'conversos', pues al estar adheridos a la interioridad, se asemejan a los conversos de las naciones del mundo que se adhirieron a la totalidad de Israel.

67) Cuando el individuo de Israel incrementa el cumplimiento de su estado de interioridad, que es el estado de 'Israel' en él, por encima de su exterioridad, que es el estado de 'naciones del mundo' en él; lo cual implica que pone la mayoría de su esfuerzo y su trabajo en aumentar y elevar el estado de interioridad en él para el beneficio de su alma y da muy poco esfuerzo, en la medida imprescindible, para mantener el estado de

'naciones del mundo' en él, lo necesario para las necesidades de su cuerpo, como está escrito (Avot 81): "haz que tu enseñanza sea fija y tu labor sea temporaria". De ese modo provoca con sus actos, tanto en la interioridad como en la exterioridad de la totalidad del mundo, que los hijos de Israel se eleven en su compleción, mientras que las naciones del mundo, que son la exterioridad del colectivo, conocerán y considerarán el valor de los hijos de Israel.

Y si, Dios no lo permita, fuese lo contrario, que el individuo de Israel incrementase y considerase el estado de su exterioridad, el cual es el estado de 'naciones del mundo' en él, por encima del estado de 'Israel' en él, como está escrito: "el converso que vive dentro de ti" (Deuteronomio, 28), refiriéndose a la exterioridad en él, "subirá sobre ti bien arriba, junto contigo". Esto es que la interioridad, que es el estado de 'Israel' en ti, "descenderá bien abajo". De ese modo provoca con sus actos que también la exterioridad que está en la totalidad del mundo, que son las naciones del mundo, asciendan bien arriba y superen a Israel y los denigren hasta el polvo Y los hijos de Israel, que son la interioridad del mundo, descenderán bien abajo.

68) Y no te asombres si un individuo provoca con sus actos el ascenso o el descenso de todo el mundo porque esta es "una ley de fierro", que el colectivo y el individuo son iguales como dos gotas de agua. Y todo lo que se aplica a la totalidad entera, se aplica también en el individuo. Por lo contrario, los individuos hacen todo lo que hace el colectivo. El colectivo no se revelará sino después de revelarse los individuos en él y según las cualidades y los valores de los individuos seguramente que en el acto del individuo, según su valor, baja o sube al colectivo en total.

Con esto se aclara lo que aparece en el Zóhar, que al dedicarse al Libro del Zóhar y la sabiduría de la verdad, conseguirán salir del exilio hacia la redención completa (Tikunim, final del Tikún 6). Supuestamente, ¿qué relación hay entre el interés en el estudio del Zóhar y la redención de Israel de entre las naciones?

69) Se explica que también en la Torá hay interioridad y exterioridad, como en la totalidad del mundo entero. Y según esto, también la dedicación a la Torá tiene ambos niveles.

Al incrementar su esfuerzo en la interioridad de la Torá y sus secretos, resulta que provoca en esa medida que la virtud de la interioridad del mundo, que son Israel, suba bien arriba, por encima de la exterioridad del mundo, que son las naciones del mundo. Y todas las naciones agradecerán y reconocerán en su alabanza a Israel por encima de ellos. Hasta que se cumpla el texto de Isaías 49: "Así dijo Dios, el Señor: He aquí, yo tenderé mi mano a las naciones, y a los pueblos levantaré mi bandera; y traerán en brazos a tus hijos, y tus hijas serán traídas en hombros."

Pero si llegase a ser lo contrario, que alguien de Israel rebajara la interioridad de la Torá y sus secretos, la cual trata los caminos de nuestras almas y sus niveles, así como la parte del intelecto y el sentido de la Mitzvá (precepto), en relación a la virtud de la exterioridad de la Torá que trata sólo de la práctica aun cuando se dedicara alguna vez a la interioridad de la Torá, dedicándole apenas una hora de su tiempo como si se tratara de algo innecesario, resulta que con ello causa humillación y rebaja la interioridad del mundo, que son los hijos de Israel e incrementa la exterioridad del mundo, que son las naciones del mundo. Y rebajarán y degradarán a los hijos de Israel y considerarán a Israel como si fueran algo innecesario en el mundo.

No sólo eso, sino que así provocan que incluso la exterioridad de las naciones del mundo aumente por encima de su interioridad, porque los peores entre las naciones del mundo, quienes destruye y dañan el mundo, crecen y ascienden por encima de su interioridad, que son los justos de las naciones. Entones producen todas esas terribles destrucciones que nuestros contemporáneos han sido testigos de ellas, Dios nos cuide de hoy en más.

Tienes a la vista que la redención de Israel y la virtud de Israel dependen del estudio del Zóhar y la interioridad de la Torá. Por lo tanto, todas las destrucciones y el descenso de los hijos de Israel, son el resultado de haber abandonado la interioridad de la Torá y de haber rebajado su virtud y haberla convertido en algo innecesario.

70) Lo dicho en las correcciones del Zóhar (Tikún 30)… "Pobre de ellos que provocan con dichos actos que haya pobreza y espada y hurto y saqueo y matanzas y destrucciones en el mundo".

71) El sentido de sus palabras es, como lo hemos explicado, que quienes se dedican a la Torá y menosprecian su propia interioridad y la interioridad de la Torá también, refiriéndose a ella como si fuera algo innecesario y se dedican a ella no más que una hora y se comportan en ella como ciegos

que van tanteando las paredes, y así elevan la exterioridad de la Torá por encima de su interioridad.

Con estos actos hacen que todos los estados exteriores en el mundo aumenten por encima de las partes interiores en el mundo. Cada una según su esencia:

Toda la exterioridad en la totalidad de Israel, es decir los ignorantes en ellos, supera y anula la interioridad que hay en la totalidad de Israel, que son los destacados en la Torá.

Así la exterioridad en las naciones del mundo, que son los autores de la destrucción entre ellos, crece y anula la interioridad que hay en ellos, que son los justos de las naciones del mundo.

También la exterioridad del mundo, que son las naciones del mundo, aumenta y anula a los hijos de Israel, que son la interioridad del mundo.

Y en esta generación, todos los autores de la destrucción que hay en las naciones del mundo, levantan la cabeza y quieren principalmente destruir y matar a los hijos de Israel, como lo han dicho nuestros sabios antiguos: "no hay tragedia que llegue al mundo que no sea para Israel", esto es que como se ha dicho en las correcciones mencionadas, que así producen pobreza y espada y hurto y matanzas y destrucciones al mundo entero.

Luego de que en tantos pecados nos hayamos convertido en testigos de todo lo dicho en los Tikunim, no sólo eso, sino que la medida de juicio afecta precisamente a los mejores, como dijeron los antiguos sabios (Talmud, Baba Kama 60): "y comienza precisamente en los justos". De toda la gloria que tenía la totalidad de Israel en Polonia, Lituania, etc., no quedaron más que los vestigios en nuestra tierra sagrada.

A partir de ahora cae solo sobre nosotros, los restantes, corregir esta terrible distorsión, y cada uno de nosotros, los sobrevivientes, aceptará con todo su corazón y con todas sus fuerzas, incrementar de ahora en más, la interioridad de la Torá y darle su lugar digno por encima de la exterioridad de la Torá.

Entonces conseguirá cada uno de nosotros aumentar el valor de su propia interioridad, es decir, el estado de 'Israel', que es la necesidad de alma, por encima de la exterioridad propia que es el estado de las 'naciones del mundo' en él, la cual es la necesidad del cuerpo.

Esta fuerza llegará también a toda la totalidad de Israel, hasta que los pueblos de la tierra que hay en nosotros reconozcan y sepan la alabanza y la virtud de los grandes de Israel sobre ellos y les escuchen y les obedezcan.

Así también la interioridad de las naciones del mundo, que son los justos de las naciones del mundo, acrecentarán y vencerán su exterioridad que son los autores de la destrucción.

Y la interioridad del mundo, que son Israel, crecerá en toda su alabanza y virtud por encima de la exterioridad del mundo, que son las naciones.

Entonces todas las naciones del mundo reconocerán y agradecerán por la virtud de Israel sobre ellos.

Y así se cumplirá el versículo escrito en Isaías 14: "Y los tomarán los pueblos, y los traerán a su lugar; y se asentará la casa de Israel en la tierra del Creador", además de lo escrito en Isaías 49: "y traerán en brazos a tus hijos, y tus hijas serán traídas en hombros." Como se ha dicho en el Zóhar: "salieron en él del exilio, con misericordia". Así sea.

CABALÁ BNEI BARUJ

"Estoy contento de haber nacido en esta generación en la que ya está permitido publicar la sabiduría de la verdad".

"Estamos obligados a fijar escuelas y componer libros para acelerar la diseminación de la sabiduría".

"Aumentarán los manantiales de sabiduría y conocimiento por encima de los límites de Israel y bañarán todas las naciones del mundo".

Rabí Yehuda Ashlag – Baal HaSulam

"Ha llegado el día en el que todos conozcan y sepan que la redención de Israel y la redención del mundo entero depende únicamente de la aparición de la sabiduría de la luz oculta de la interioridad de los secretos de la Torá en un lenguaje claro".

Abraham Isaac Kook

"Cabalá Bnei Baruj" es una asociación sin propósito de lucro que se ha propuesto como meta y como misión, llevar a la práctica el testamento de uno de los más grandes sabios del siglo veinte, Rabí Yehuda Ashlag, y diseminar el método práctico de conexión entre los seres humanos, como solución básica a los problemas y los desafíos contemporáneos. La asociación fue fundada en los años noventa y se dedica a la implementación del valor "ama a tu prójimo como a ti mismo" entre las personas en Israel y en el mundo.

ACERCA DEL DR. MICHAEL LAITMAN

El Dr. Michael Laitman, fundador del movimiento Cabalá Bnei Baruj, fue discípulo y asistente personal de Rabí Baruj Shalom Ashlag (Rabash), el hijo primogénito de quien compuso la interpretación "Sulam" (escalera) para el Libro del Zóhar Rabí Yehuda Ashlag. Durante doce años adquirió de boca de su maestro la ciencia del "Sulam" de su padre, hasta que falleció en el año 1991. Desde entonces, día a día, el Dr. Laitman, (nombrado por sus alumnos con el apodo "Rav"; maestro espiritual judío) imparte conferencias y lecciones sobre el Libro del Zóhar y escrituras originales de la Cabalá, las cuales son transmitidas en vivo por redes de televisión e internet.

Rav Laitman es un filósofo renombrado internacionalmente, profesor de ontología, doctor de filosofía y Cabalá, master en bio-cibernética médica. Hasta hoy ha publicado 70 libros que fueron traducidos a más de 40 idiomas. Sus libros presentan un método práctico para la solución de crisis en temas de educación, familia, sociedad, economía, relaciones internacionales, ecología y fenómenos socio-económicos que influyen sobre la estabilidad del mundo y el hombre en particular.

Michael Laitman, Facebook y Twitter

Editorial de libros de Cabalá

www.66books.co.il

Cabalá Bnei Baruj cuenta con una editorial que ofrece una amplia variedad de libros: escritos originales del Ari, de Baal HaSulam, de Rabash, libros para el estudio individual, lectura de investigación y libros para conocer la Sabiduría de la Cabalá.

www.ingramcontent.com/pod-product-compliance
Lightning Source LLC
Chambersburg PA
CBHW031453040426
42444CB00007B/1078